日本はいつまで「先進国」か？

01

世界中で平成の日本だけが成長していなかったのに驚いた

図表01-1は、世界各国の1995年から2015年までの20年間の経済成長率（名目GDP）のランキングである。経済成長率が一番高いのがカタールで20倍以上に伸びている。中国が15倍、ナイジェリアが10倍、ベトナムが9倍、インドが6倍だ。世界の平均は＋139％だから、この20年間で世界の経済規模は2.4倍になったことになる。

グラフの一番右に日本がある。**マイナス20％で最下位、しかもマイナスなのは世界で日本だけだ。つまり、日本だけが世界の中で貧しくなったのだ。**みなさんはこの事実を知っていましたか？　私は驚いた！　いくらなんでも、これは異常ではないか？

日本は先進国だから、中国やベトナムやインドのように高度成長をしないのはわかる。しかし、アメリカもイギリスも20年間で2倍以上、イタリアやフランスも1.5倍に成長しているのだ。日本以外で最も成長率の低いドイツでさえ30％伸びている、つまり日本とは50％も差がある！

この間、いったい日本人は何をしてきたんだろうか？　日本人のひとりとして考える。平成は「失われた20年」とか「30年」とか言われてきた。しかし、マイナス成長でも、それなりに豊かなままの日本に見える。新型コロナで世界中の国の経済がマイナスに落ち込んだけれど、コロナが去れば、また元に戻るだろうと思っている気がする。日本の将来に悲観的な人は多いが、それでもそれなりの豊かさは続くと思っている人が多いのではないか？

正直、それは甘い認識だと思う。**平成の30年間にはそれまでの富の蓄積があった。**しかし、令和がまた「失われた20年」や「30年」になったとしたら、日本はますます貧しい国になっていくだろう。**そもそも日本はまだ豊かだと思っていることが幻想なのだ。**

コラム

2015年以降の日本の経済成長は？

ここには、私がショックを受けたデータをそのまま載せたが、2015年以降はどうなのか、知りたい人もいるだろう。同じデータを使って調べてみた。

日本の名目GDPは、2015年から2019年で16％伸びた。他の国はどうだったのか、見てみよう。インド35％、中国30％、アメリカ18％、世界平均17％、ドイツ15％、フランス11％…。日本も少し持ち直してきたように見える。しかし、1995年からの成長率で考えると、まだマイナスだ。そして、2020年は新型コロナのために、中国を除く世界各国のGDPがマイナス成長に陥ったが、日本はマイナス4％だった。

ここまでGDPとは何かという説明をしてこなかったが、この本には何度も出てくるので、簡単に説明しておく。**GDP（Gross Domestic Product）とは国内総生産のこと**（図表01-2も参照）。**通常1年間に国内居住者によって生産されたモノやサービスの貨幣価値を合計したもの**である。モノやサービスの生産が民間部門で行われたか、公共部門で行われたか、またモノやサービスが家計に購入されたか、政府に購入されたか、海外によって購入されたかは問わない。なお、このページでは名目GDPを扱っているが、それとは別に実質GDPがある。物価が上昇すれば、貨幣の価値は下がるから、その分を調整したのが実質GDP、調整していないのが名目GDPと呼ばれる。

図表 01-1 ＜世界各国の 20年間成長率ランキング（1995年－2015年）＞

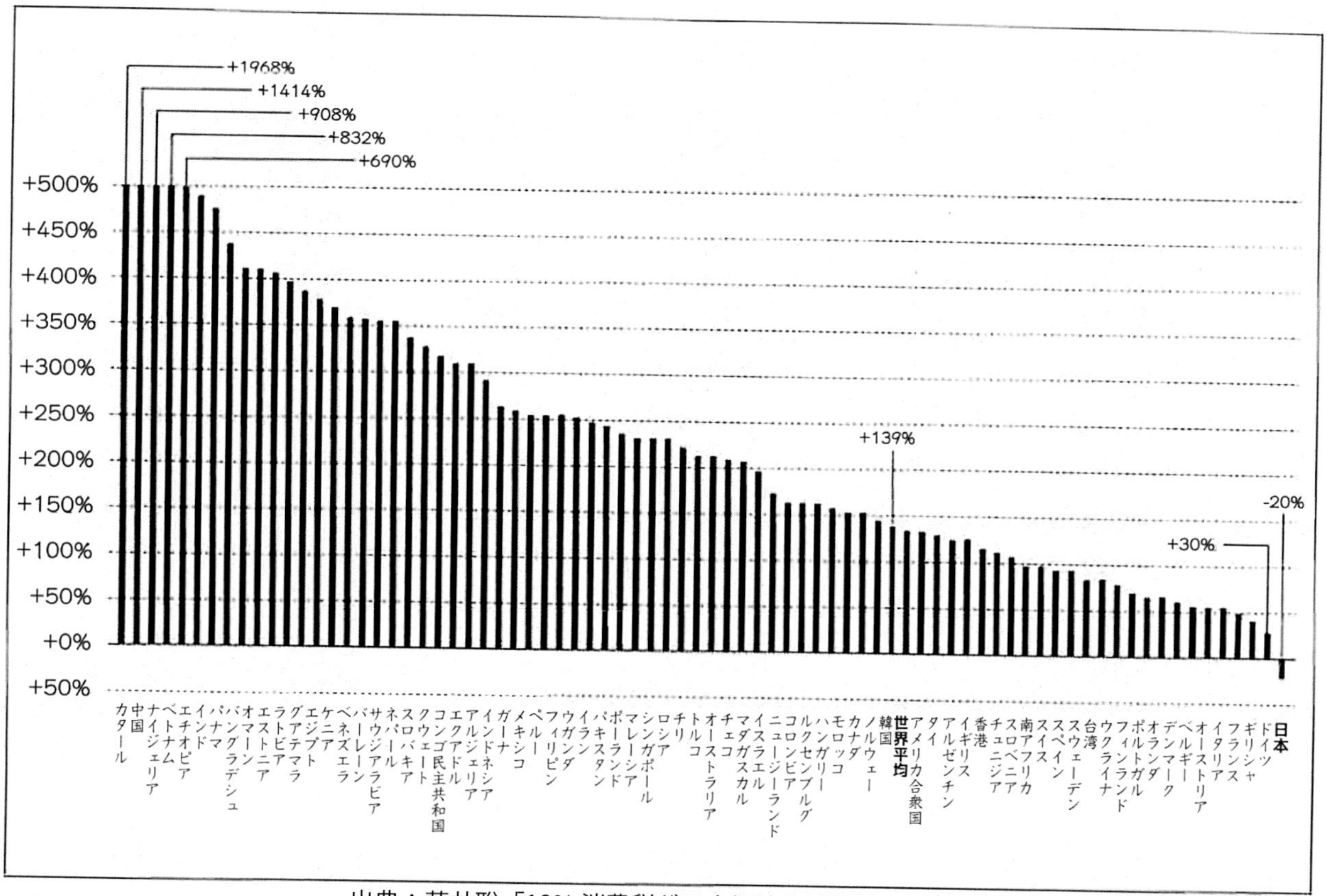

出典：藤井聡「10% 消費税が日本経済を破壊する」P49（データ：「世界の統計 2017」）

図表 01-2 ＜GDP とは？＞

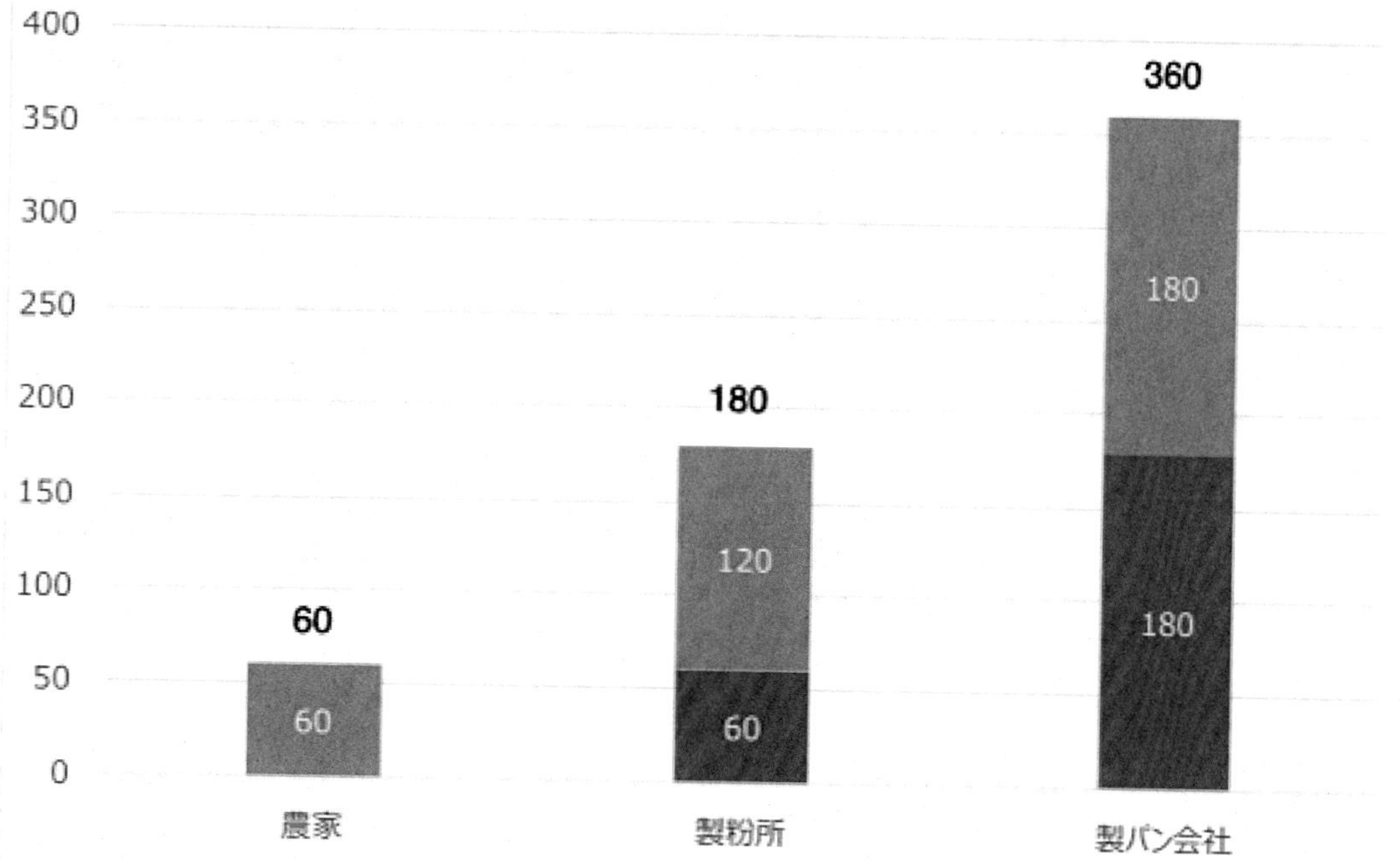

●ある国が、小麦を生産する農家、農家から小麦を仕入れて小麦粉を作る製粉所、製粉所から小麦粉を仕入れてパンを作る製パン会社からなっているとする。生産総額は 60+180+360=600 となるが、これでは重複してしまうので、農家、製粉所、製パン会社という生産者がそれぞれ作り出した価値（付加価値）である 60+120+180=360 が GDP となる。農家、製粉所、製パン会社がそれぞれ石油を輸入して生産をしているならば、石油の購入額は海外で生産されたものなので、GDP から差し引かなければならない。

出典：中谷巌「入門マクロ経済学」（日本評論社）を参考に作成

02

日本の平均年収は韓国より低いって、知ってた？

日本はまだ豊かだと思っていることが幻想だと聞いて、何を言っているんだ！と思った人もいるかもしれない。

しかし、世界各国の平均年収を比較すれば、現実は明らかだ。2019年の**日本の平均年収は3万9041ドル、**1ドルを110円とすると（以下の計算も同様）、**約429万円**だ。

トップクラスの**アメリカが6万6383ドル（730万円）**、ドイツは5万4041ドル（554万円）。OECD（経済協力開発機構）加盟国全体が4万8935ドル（538万円）、**そして韓国は4万2297ドル（465万円）**で、いつの間にか日本より高くなっている。**日本は35か国中24位**、私たちが先進国と聞いて思い浮かべるような国はすべて日本より上の順位であり、日本の下は25位のポーランド以下、その国よりは日本は豊かであろうと想像できる国ばかりである。つまり、**日本人の年収はアメリカの6割程度、先進国で最低**になってしまったのだ。（※）

日本人の年収が低いということは、日本人が海外に行けば、外国の物価は高いなあと感じることが多くなり、逆に海外から日本に人が来れば、日本は物価が安いなあと思うようになるということである（昔は日本の物価は海外に比べて高いと言われていたのにね）。新型コロナの前の2019年の訪日外国人は3188万人で、2012年から4倍近くに増えた。訪日外国人が増えた理由の一つは、明らかに**日本が割安な国になった**ことにある。

「安いニッポン」の証明

中藤玲「安いニッポン ―『価格』が示す停滞」（日経BP）が話題になったが、日本の安さを示すエピソードが満載である。印象に残ったものをいくつか紹介してみよう。

世界のディズニーランドの大人1日券（当日券、1パークのみ、2021年2月現在）を比較すると、日本の8200円に対して、アメリカ・フロリダ州は約8割高い約1万4500円で、カリフォルニア州やパリ、上海も1万円を超えた。規模はそれぞれ違うが、日本より狭いと言われる香港でも約8500円。**ディズニーランドがある世界6都市で、日本は一番安い。**2020年3月までは7500円だったから、**アメリカの半額**である。

タイから来たという20歳代の女性3人組に東京ディズニーリゾート（TDR）を選んだ理由を聞くと、「中国に行くより安いし、それでいて日本はキャストのクオリティーも高いし大満足」「近くのホテルを予約しても1人合計約2万円かからなかった。日本はいつもコスパがいい」と笑顔で話してくれたという。

約7万6000種類もの商品をそろえ、その9割が税抜き100円で売られているダイソーは、インバウンド（訪日外国人）の人気スポットであるとともに、海外26カ国・地域に2248店（2020年末）を出店しているグローバル企業である。しかし、海外では100円で売っているわけではないのだ。海外は日本の100円均一のような単一価格ではなく、商品によって3段階ほどのマルチプライスにしているが、最も安い基本価格で比べてみると…。

台湾は49台湾ドル（約180円）、アメリカは1.5ドル（約160円）、ニュージーランドは3.5ニュージーランドドル（約270円）、タイは60バーツ（約210円）、フィリピンは88ペソ（約190円）、マカオは15パタカ（約200円）、イスラエルは10シェケル（約320円）…。ディズニーランドと同じく日本が最安値なのだ。

日本に比べ海外で値段が高いのは、物流費や関税もあるが、最大の理由は

図表02-1 ＜各国の平均年収比較(ドル)(2019年)＞

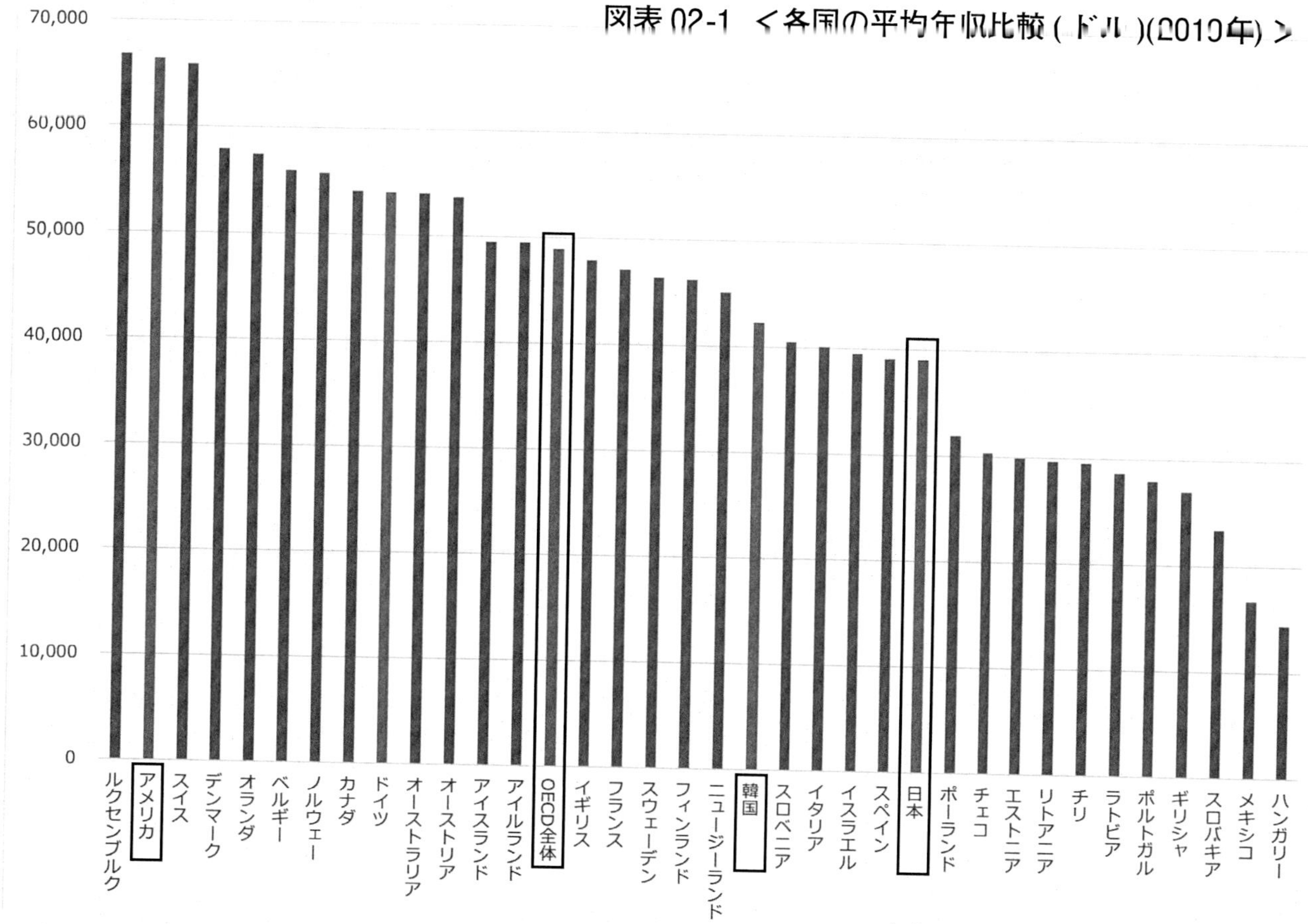

出典：OECD「Average wages」2020

人件費や賃料の値上がりだという。その値段でも売れるのは、日本の会社は高品質というイメージがあるのに加え、現地の所得が上がり、購買力が上がったからだ。しかし、**日本では40年以上もずっと100円で、値上げもできない。**

ワンコイン（500円）でこんなにおいしいランチが食べられる国は、他にないだろう。それは素晴らしいことのように思えるが、世界に目を移せば、日本がいかに安い国、貧しい国になっているかの証左なのである。そのことがどんな問題を引き起こしているのか、これから見ていくことにしよう。

（※）2020年のデータも発表になっている。日本の平均年収は3万8515ドル（424万円）と漸減した。しかし、スペイン、イタリアを抜いて順位は22位に上がっている。新型コロナの影響もあると考え、ここでは2019年のデータを使用している。

03 他の先進国並みに成長していたら、GDPは今の2倍、1000兆円だった

図表03-1は、1985年から2019年までの世界各国の名目GDPを折れ線グラフにしたものである。P4で、世界中で日本だけが成長していなかったという驚くべき事実を紹介したが、それを時系列で示したものだ。

1995年までは他の国と同じように成長していたことがわかる。しかし、それ以降日本だけが成長を止め、世界から取り残されてしまったのである。**中国には2010年に抜かれ、2019年には2.8倍と、もはやその背中は全く見えない。**

1995年から2019年までに、主な先進国の名目GDPがどのぐらい増えたのかを調べてみよう。上から、1995年の名目GDP、2019年の名目GDP、24年間で何倍になったのか、年平均で何%成長したのかを表している。

・アメリカは7.64兆ドルから21.43兆ドルで2.8倍、年平均4.4%、
・ドイツは2.59兆ドルから3.86兆ドルで、1.5倍、年平均1.7%、
・フランスは1.60兆ドルから2.72兆ドルで、1.7倍、年平均2.2%、
・イギリスは1.34兆ドルから2.83兆ドルで、2.1倍、年平均3.2%、

である（出典：『世界の統計2021』）。

仮に日本が1995年から2019年まで**年平均2.4%の経済成長**をしていたとする。他の国の数値を見ても、決して無理な数字ではないように見えるだろう。アメリカやイギリスよりは低いが、フランスとほぼ同じ、ドイツよりは少し高い数字だ。

2019年の日本の名目GDPは9.63兆ドルとなり、1ドル110円で計算すると1059兆円である。現実の日本の名目GDPは2019年が560兆円、2020年が新型コロナの影響があり、539兆円だ。**日本が他の先進国並みに成長していたら、**

図表03-1 ＜世界各国の名目GDPの推移(100億ドル)＞

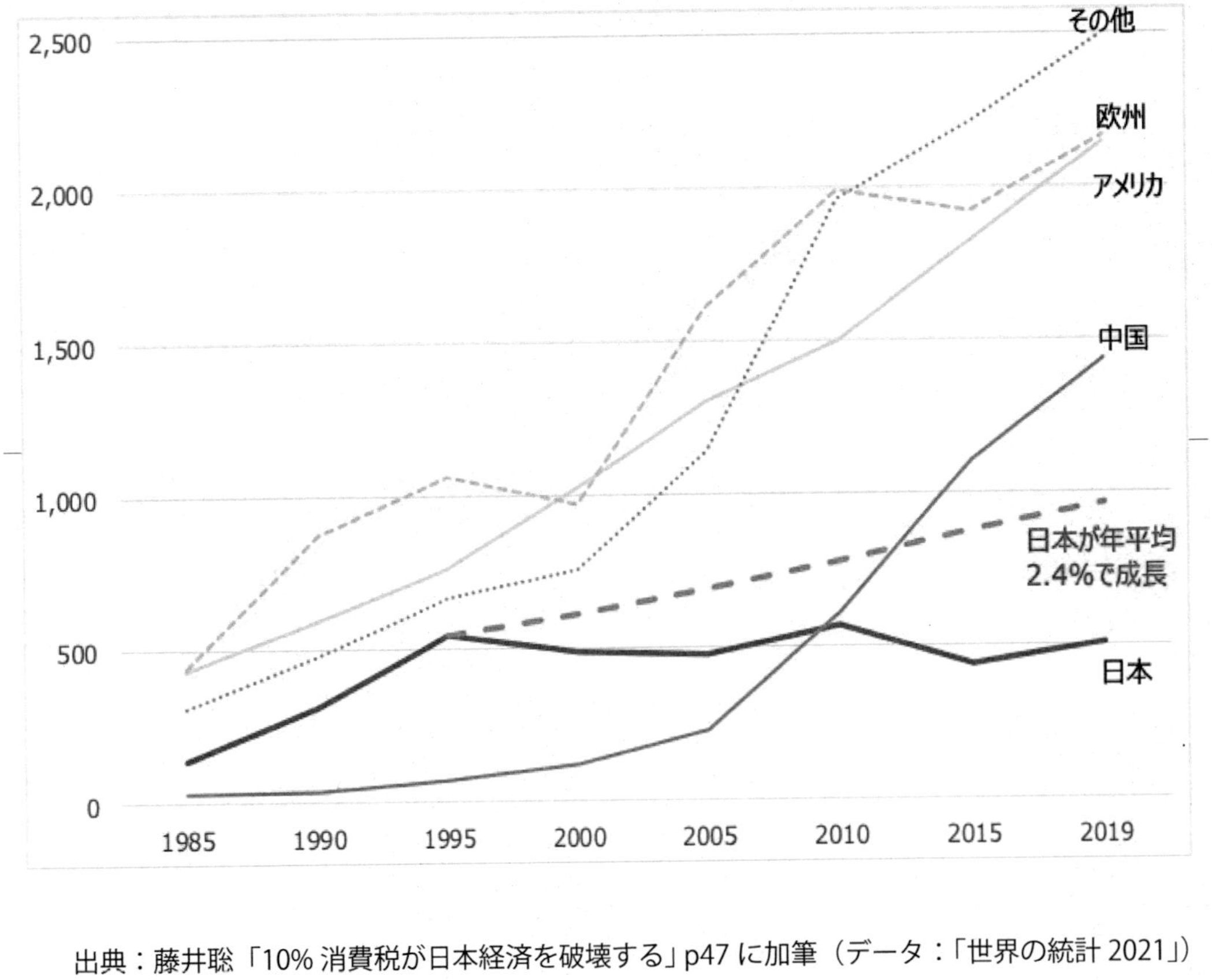

出典：藤井聡「10% 消費税が日本経済を破壊する」p47 に加筆（データ：「世界の統計 2021」）

図表 03-2 ＜世界の一人当たり名目GDP ランキング（ドル）（1995年と2020年の比較）＞

順位	国名	1995年	順位	国名	2020年
1	ルクセンブルク	50,911	1	ルクセンブルク	116,921
2	スイス	50,334	2	スイス	86,849
3	日本	44,210	3	アイルランド	83,850
4	デンマーク	35,471	4	ノルウェー	67,176
5	ノルウェー	34,790	5	米国	63,416
6	ドイツ	31,830	6	デンマーク	60,494
7	オーストリア	30,351	7	アイスランド	59,634
8	スウェーデン	30,247	8	シンガポール	58,902
9	オランダ	29,351	9	オーストラリア	52,825
10	米国	28,671	10	オランダ	52,248
11	ベルギー	28,458	11	カタール	52,144
12	フランス	27,741	12	スウェーデン	51,796
13	アイスランド	26,712	13	フィンランド	48,981
14	アラブ首長国連邦	26,394	14	オーストリア	48,154
15	フィンランド	26,348	15	香港	46,753
16	シンガポール	24,915	16	ドイツ	45,733
17	イギリス	23,126	17	サンマリノ	44,818
18	香港	22,909	18	ベルギー	44,529
19	オーストラリア	20,869	19	イスラエル	43,689
20	カナダ	20,707	20	カナダ	43,278
21	イタリア	20,675	21	ニュージーランド	41,127
22	バハマ	20,271	22	イギリス	40,406
23	アイルランド	19,047	23	日本	40,146
24	ブルネイ	18,234	24	フランス	39,907
25	イスラエル	18,178	25	マカオ	36,350

出典：グローバルノート（データ：IMF 統計）

日本のGDPはザクっと言って今の2倍になっていたのである。

今後のGDPはどうなっていくのだろうか？

2030年には、中国がアメリカを抜き世界1位に、インドが3位に上がり、日本はインドネシアに肉薄されるが、4位と予測されている（世界4大会計事務所PwCによる2017年時点での予測）。まだ4位かと安心した人がいるかもしれないが、GDPの規模は人口によるところが大きい。1人当たりのGDPを見ると、日本は既に図表03-2のようなことになっているのだ。1995年は世界3位の44210ドルだったが、2020年は40146ドル（1ドル110円として、442万円）の23位である。アジアでもシンガポール、カタール、香港に次ぐ4番目だ。他の先進国並みに成長していたら、現在でも世界で3位か4位だったろう。2030年の順位は一体どうなっているのだろうか？

04 経済成長していれば、社会保障も「問題」にはなっていなかった

GDP1000兆円と言ってもピンとこない人も多いかもしれない。しかし、決して無理やり作った数字ではないことはわかってもらえたと思う。

それでは、**GDPが今の2倍になっていたら日本はどうなっていたのか？**

高齢社会の進展により、年金や医療・介護など社会保障の財源は、我が国にとって大きな問題となっている。その時に、「高齢者を現役世代何人で支えるか？」という数字が出ることがよくある。

松元崇「日本経済 低成長からの脱却」（NTT出版）という本は、次のように説明している。図表04-1を参照してほしい。高度経済成長期の1965年は、65歳以上の高齢者1人を、20〜64歳の**現役世代が9.1人で支える**という形だった。これは**「胴上げ型」**と呼べる。しかし、少子高齢化が進み、現役世代の人数が減り始め、2016年になると、高齢者1人を支える**現役世代が2.0人**にまで減少。これは**「騎馬戦型」**だ。さらに、厚生労働省の国立社会保障・人口問題研究所が発表した「日本の将来推計人口（平成29年推計）」によると、2050年には高齢者1人を**現役世代1.2人で支える「肩車型」**になると予測されている。

もちろんこの説明は、65歳以上の高齢者と20〜64歳の現役世代の人口比を示しているに過ぎない。高齢者で働いている人もいれば、現役世代で働いていない人もいる。しかし、現役世代が生み出したGDP（所得）が高齢者の社会保障を支えているという意味では、大雑把に言えば、わかりやすい図式である。

ここで**日本のGDPが1000兆円に、今の2倍になっていた**と考えてみる。現役世代が生み出すGDPが2倍になるのだから、今でも**およそ4人に1人で支えていた**ことにならないか？ 1人分の余裕のある「騎馬戦型」ということになる。もちろんGDPが2倍になっていれば、必要となる社会保障の金額も増えるから、そう単純には行かないが、経済成長の重要性を考える上でのヒントになると思う。

図表 04-1 ＜高齢者を現役世代何人で支えるか？＞

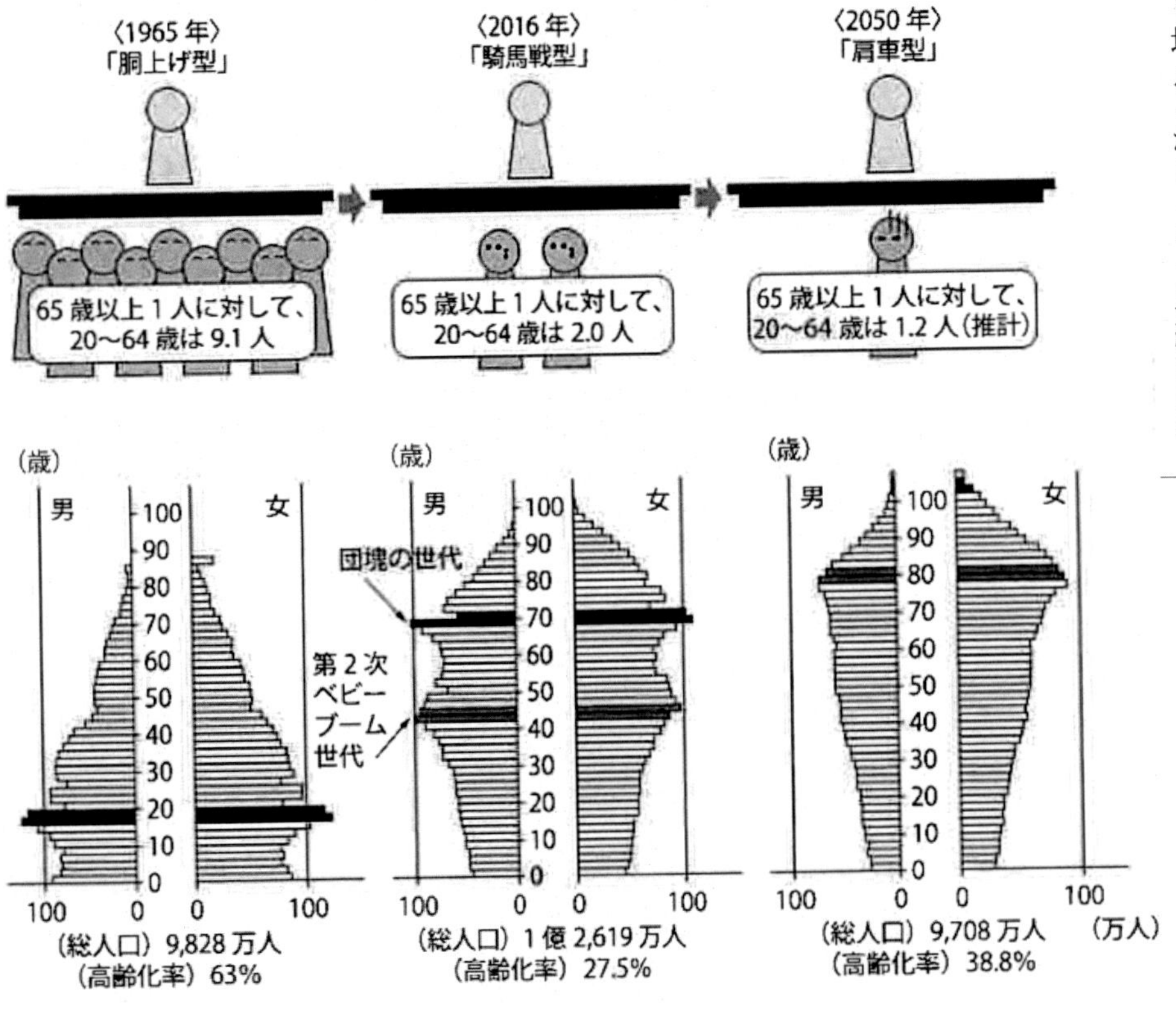

出典：松元崇「日本経済 低成長からの脱却」P156

コラム

日本は衰退の先進国か？

世界で唯一20年間の経済成長率がマイナスで、もはや韓国より平均年収が低く、安い安いと観光客が押し寄せる国が、「先進国」と呼べるのだろうか？ というのが、この本の問題意識である。随分前に日本を「課題先進国」と称した人がいた。少子高齢化をはじめ、先例のない課題に最初に直面し、それを解決していく国であることを指していたと思うが、いったい課題はどの程度解決されたのだろう？

この数年、欧米では**「日本化（ジャパニフィケーション）」**という言葉がよく使われるようになった。日本化とは、**低成長、低インフレ（デフレ）、低金利が継続し、景気が長期に停滞することを指す。**バブル崩壊以降の政策の失敗（その具体的な内容やメカニズムは、本書全体を通じて明らかにしていく）が日本化を生んだと考えられるが、2008年のリーマンショック以降、欧米の先進各国では自国も日本化に陥るのではないか？ 陥らないためにはどのような政策を採るべきか？ が議論になっているのだ。この議論は2020年からのコロナ禍以降、再び持ち出されているように思われる。

もし欧米の日本化が進んでいるのであれば、日本は「衰退」という意味では「先進国」と言えるのかもしれない。しかし、いまだに日本が日本化を脱却できていない以上、欧米の先進各国にとっては日本は反面教師だろう。また、そもそもデフレは物価が継続的に2年以上下落することだが、日本以外にデフレに陥った国があるわけでもない（デフレは最重要の概念であり、改めて詳しく説明する）。本当に日本が先進国に復帰するためには、本書が示すように再び経済成長を取り戻す必要があり、その時初めて課題を解決し、衰退から脱却した「先進国」と呼べる国になるだろう。

05 経済成長しなければ、不幸な人間が増える

世界で日本だけが経済成長していない。でも日本は充分豊かであり、これ以上経済成長する必要があるのか？と思う人もいると思う。正直私もその1人だった。しかし、もはや日本人の平均年収は韓国より低い。他の国は成長しているのだから、日本はどんどん貧しくなっている。

ここで私は声を大にして言いたい。**経済成長は絶対に必要である！** それでは、なぜ経済成長は必要なのか？別の言い方をすれば、経済成長しなければ（実際にこの20年以上成長していなかったわけだが）、日本はどうなるのか？ **経済成長しなければ、不幸な人間が増えるのである。**

①経済成長しないということは、全体のパイが増えないということである。全体のパイが増えないということは、ゼロサム・ゲームになる。**ゼロサム・ゲームとは、参加者全員の得点の合計がゼロになるゲームのこと**だ。つまり、誰かが利益を得れば（プラスになれば）、必ず誰かは損失を出す（マイナスになる）。経済成長しない社会は、誰かが豊かになれば、他の誰かは必ず貧しくなる状態、**みんなでパイを奪い合う社会**である。

②誰かが豊かになると、他の誰かは貧しくなるということは、一人が大儲けして資産を貯め込めば貯め込むほど、他のみんなはことごとく貧乏になっていく。つまり、**経済成長しない社会は「格差社会」である。**

③日本ではこれからさらに生産年齢人口（現役世代の人口）が減っていくが、高齢者は増えていく。現役世代の所得が増えない、つまり経済成長しなければ、**年金や医療・介護などの社会保障費は足りなくなる。**これは前のページで見た通りだ。

④日本の財政赤字が深刻であるのを知っている人は多いだろう。あとで説明するが、政府の借金は総額いくらかよりも、GDPに対する比率が重要である。借金の額よりも、所得に対する借金の比率の方が大切なのは、わかりやすいと思う。ということは、国全体の所得であるGDPが増えない、つまり経済成長しないままで借金が増えれば、ますます政府の借金は重くなり、財政赤字は悪化する。ただし、この財政赤字がどれだけ問題なのかについては、あとで詳しく見ていくことにしたい。

⑤経済成長しない社会は、みんなでパイを奪い合う社会であり、格差社会になっていくと書いた。これが誰にとって一番深刻なことかと言えば、「持たざる者」である若者にとって深刻なのである。**経済成長しない社会で若者が豊かになるためには、上の世代から職や所得を奪うしかない。**上の世代との競争に勝てなければ、豊かになれないのである。経済成長を否定することは、現状の階層を固定化し、若者が豊かになるチャンスを減らすのを肯定することにほかならない。

⑥経済成長がゼロでも、日本の人口は減っていくから、1人当たりのGDPは増えると主張する人もいる。しかし、企業は売上を増やすために競争するという原理で動くのであって、もし売上が減れば、企業は生き残りのために給与や雇用を減らすだろう。**資本主義社会の企業は、1人当たりのGDPを増やすという原理では行動しない**のである。

子供の貧困化

なぜ、経済成長が必要なのか？ 皆さんにもわかってもらえたと思う。もちろん経済成長が人々の幸せのすべてだなどと言っているわけではない。**経済成長はみんなの幸せの前提**だということだ。いくつかの現実の数字を挙げておこう。厚生労働省の「国民生活基礎調査」によれば、２０１８年の**子ど**

もの7人に1人が貧困状態にある。日本学生支援機構の「平成30年度 学生生活調査」では、**大学生の48％が奨学金を受給しており、この20年で2倍に**なっている。令和元年分の1年を通じた給与所得者は、5255万人で、22.9％が200万円以下の収入である（国税庁民間給与調査）。

経済成長は必要ないというのは、成長がなくても苦しくない、金に困っていない（困ったことのない）人の意見である。**誰もが平等に貧しくなんかならないのだ。**誰が「経済成長不要論」を主張しているか、注意して見てみればよい。それがどんな人たちかは明らかだろう。「高度成長の夢再び？」などと揶揄する人もいるが、これから年率10％の成長を見込んでいるわけでないのはもちろんのことだ。

1点だけ付け加えておく。環境問題の解決と経済成長は両立しないとする論者もいる。「グリーン・ニューディール」のような持続可能な緑の経済への移行はユートピアであると言う。しかし、私たちはその両立に挑戦するしかないのだ。1つの農園や工場を労働者が管理することは十分可能であるが、それをそのまま社会全体に適用できると考えることこそ、よほどユートピアである。私たちは共産主義の失敗の歴史に学ばなければならない。

図表 05-1 ＜経済成長が必要な６つの理由＞

経済成長しなければ、

①みんなでパイを奪い合う社会になる

②格差が増大する

③社会保障費が足りなくなる

④財政赤字が重くなる

⑤階層が固定化し、若者のチャンスを減らす

⑥資本主義の仕組みと矛盾する

注：このページの記述は、会田卓司・榊原可人「日本経済の新しい見方」（きんざい）を参考にした。

06

日本は2014年も2019年も、世界で最も評価されている国

世界中で日本だけが成長していない、貧しくなっている、今のままでは先進国から脱落か？　などと、暗い話ばかりしてしまった。「じゃあ、どうすればいいんだよ？」と怒り出した人もいるかもしれない。そこで、ここでは**日本は決して捨てたものではない**という話をする。

一時**「日本スゴい！」というテレビ番組がはやった**ことがあった。次々に作られたのは、それだけ視聴率が稼げたからだろう。みんな日本が停滞していることはどこかで感じていたからこそ、その反動として外国人が日本を称賛する番組を求めたのかもしれない。一方、こうした番組を批判する人も多く見られた。取り上げられている意見が偏っているとか、これを見て喜んでいる日本人に危機感を持つ、などなど。

こうしたテレビ番組への賛否はともかく、ここでは日本が海外からどのように評価されているか、そのデータを紹介したいと思う。

ロンドンに本社のあるFutureBrand社 https://www.futurebrand.com/asia は世界的なブランド・コンサルティング会社である。グローバルでさまざまなブランドの戦略立案やデザインを手掛けており、2012年のロンドン・オリンピックを担当したことでも知られている。

同社は「カントリーインデックス」という国のブランド・ランキングを調査結果に基づき、5年ごとに発表している。価値体系、生活の質、ビジネスの可能性、遺産と文化、観光、製品とサービスの6つの視点から国は評価されている。

調査は、前年に最低1回は海外旅行をした、世界各国の21歳から65歳、2500名を対象にしたオンラインインタビューで行われた。上位10カ国についてはソーシャルメディア上の発言も分析されている。

図表06-1が、最新の2019年のランキングのトップ10である。**日本は見事に1位**だ。表の見方は、左から順位、前回（2014年）の順位との差、国名、GDPの順位、地域となっている。日本は前回も1位だったこと、トップ10のうち日本とカナダを除くと、残りはヨーロッパの国であることがわかる。

日本のどこが世界から評価されているのか？

ひとことで言えば、**豊かな文化の発信地であり、魅力的な観光地である**ということだ。そこには、**良好な生活の質、自然の美しさ、遺産**などが含まれる。より具体的には、

・伝統的な要素として、**富士山、寿司、そば、北斎など**

・以前から強い要素として、**自動車や家電などの製品・技術**（企業としてのランクは以前より下がり気味だが）

・そして新しい要素として、**ユニクロ、MUJI、こんまり、NOBU寿司など**

が挙げられている。ソーシャルメディア上でも、日本食を中心に多面的な魅力が語られている。

世界から評価されている日本も、経済成長していない日本も、どちらも現実の日本だ。なぜ、日本は成長しなかったのか？　Part 2で、もう少し詳しく見ていくことにしよう。

図表 06-1 ＜ FutureBrand 社の「カントリーインデックス・2019」＞

Ranking 2019	Point Change from 2014	Country	World Bank Ranking 2019	Region
1	=	Japan	3	Asia Pacific
2	+4	Norway	28	Europe
3	−1	Switzerland	20	Europe
4	=	Sweden	22	Europe
5	+8	Finland	42	Europe
6	−3	Germany	4	Europe
7	+2	Denmark	35	Europe
8	−3	Canada	10	North America
9	+1	Austria	27	Europe
10	–	Luxembourg	73	Europe

●FutureBrand 社の「カントリーインデックス」は 2014 年、2019 年に発表されたが、新型コロナの世界的な流行を受けて、2020 年にも調査が行われ、その結果が公開された。順位は以下の通りで、日本の 1 位は変わらなかった。
1 Japan、2 Switzerland、3 Norway、4 Germany、5 Canada、6 Denmark、7 Finland、8 Sweden、9 UAE、10 New Zealand

【Part 1：参考文献】

著 者	書 名	出 版 社	発 行 年
会田卓司、榊原可人	日本経済の新しい見方	きんざい	2017
中谷巌	入門マクロ経済学 第２版	日本評論社	1987
中藤玲	安いニッポン―「価格」が示す停滞	日経 BP	2021
藤井聡	「10％消費税」が日本経済を破壊する	晶文社	2018
松元崇	日本経済 低成長からの脱却	NTT出版	2019

【Part 2：参考文献】

著 者	書 名	出 版 社	発 行 年
青木泰樹	経済学者はなぜ嘘をつくのか	アスペクト	2016
井上智洋	ヘリコプターマネー	日本経済新聞出版社	2016
小川一夫	日本経済の長期停滞	日本経済新聞出版	2020
玄田有史 編	人手不足なのになぜ賃金が上がらないのか	慶應義塾大学出版会	2017
″サマーズ、バーナンキ、クルーグマン、ハンセン″	景気の回復が感じられないのはなぜか	世界思想社	2019
″鶴光太郎、前田佐恵子、村田啓子″	日本経済のマクロ分析	日本経済新聞出版社	2019
中野剛志	奇跡の経済教室【基礎知識編】	KKベストセラーズ	2019
中野剛志	奇跡の経済教室【戦略編】	KKベストセラーズ	2019
野口旭	アベノミクスが変えた日本経済	筑摩書房	2018
藤井聡	プライマリー・バランス亡国論	育鵬社	2017
諸富徹	資本主義の新しい形	岩波書店	2020
リチャード・クー	デフレとバランスシート不況の経済学	徳間書店	2003
リチャード・クー	「追われる国」の経済学	東洋経済新報社	2019

【Part 2】

企業の借金が経済成長の原動力だ

07

経済成長とは適度なインフレのサイクル（好循環）を回すこと

そもそも経済成長とは何なのだろうか？　ＧＤＰ（国民総生産）が増えることである。ＧＤＰとは国内で新たに生み出されたモノやサービスの価値を合計したものだから、経済成長は前年に比べてどれだけモノやサービスの価値が増えたかで測られることになる。

経済成長の仕組みはシンプルだ（図表07－1）。

①　**企業がお金を借りて、投資をする。**投資とは、例えば工場を建てたり機械を買ったりすることだ。

②　**投資をした企業が収益（売上）・利益を上げる。**

③　収益・利益を増やした企業が、**従業員の給与を上げる。**つまり、みんな（消費者）の給与が上がる。

④　給与が上がった**消費者は所得が増えたので、消費を増やす。**

①　消費が増えて、需要が拡大するから、**企業はもっと儲かるぞと考えて、また借金をして、さらに投資をする。**

②　企業の収益・利益がさらに増え……

という「良いサイクル」が回り続けるのが、経済成長である。

この過程では、物価（※）が上がる場合が多い。物価は需要（買う量）と供給（売る量）で決まる。**需要が供給を上回れば物価は上がるし、供給が需要を上回れば物価は下がる。**企業は商品の値段を上げれば収益・利益が増えるし、消費者も給与が上がれば多少値段が高くても買うだろう。全体的に**物価が持続的に上がることをインフレ（インフレーション）**と言う。つまり、経済成長とは企業の収益も従業員の給与も物価も上がっていく、適度なインフレの好循環のサイクルを回すことなのである。

まず、「適度な」というところが大切だ。急激に、大幅に物価が上がるのは望ましくない。給与の上昇が追いつかないから、みんなの生活は苦しくなる。また、原油などの輸入品の価格が上がって、インフレが起きることもあるけれど、それも望ましくない。輸入品を原料とする企業にとっては、コストが上がるから利益は減ってしまう。それでは給与を上げるどころではなくなり、物価だけが上がるから、やはりみんなの生活は苦しくなる。

（※）**物価とは、全体としての価格の水準のこと**であり、個々の商品・サービスの価格のことではない（それらを平均したものである）。インフレは、全体としての価格の水準である物価が持続的に上がることを指す。

コラム

一番大事な「ＧＤＰの三面等価の原則」

この本は、経済成長がみんなの幸せの前提であると一貫して主張している。そして、経済成長はＧＤＰの伸び率で測られるのだから、ＧＤＰの基本についてはぜひ理解してほしい。**ＧＤＰは、生産面・分配（所得）面・支出面いずれから見ても一致する。これを三面等価の原則**と言う。そんなこと、わかってるよという人は読み飛ばしてください。

Ｐ４のコラムと図表01-2でＧＤＰ（国内総生産）について説明した。ＧＤＰは、通常1年間に国内居住者によって生産されたモノやサービスの貨幣価値を合計したものであり、生産者が生産した付加価値の合計である。これを「生産面から見たＧＤＰ」と言う。

図表01-2には農家と製粉所と製パン会社が登場したが、それぞれが生み出した付加価値は、どのように分配されるだろうか？　従業員へ賃金、政府へ税金として分配され、さらに固定資本減耗（生産設備の価値

図表 07-1 ＜経済成長の良いサイクル＞

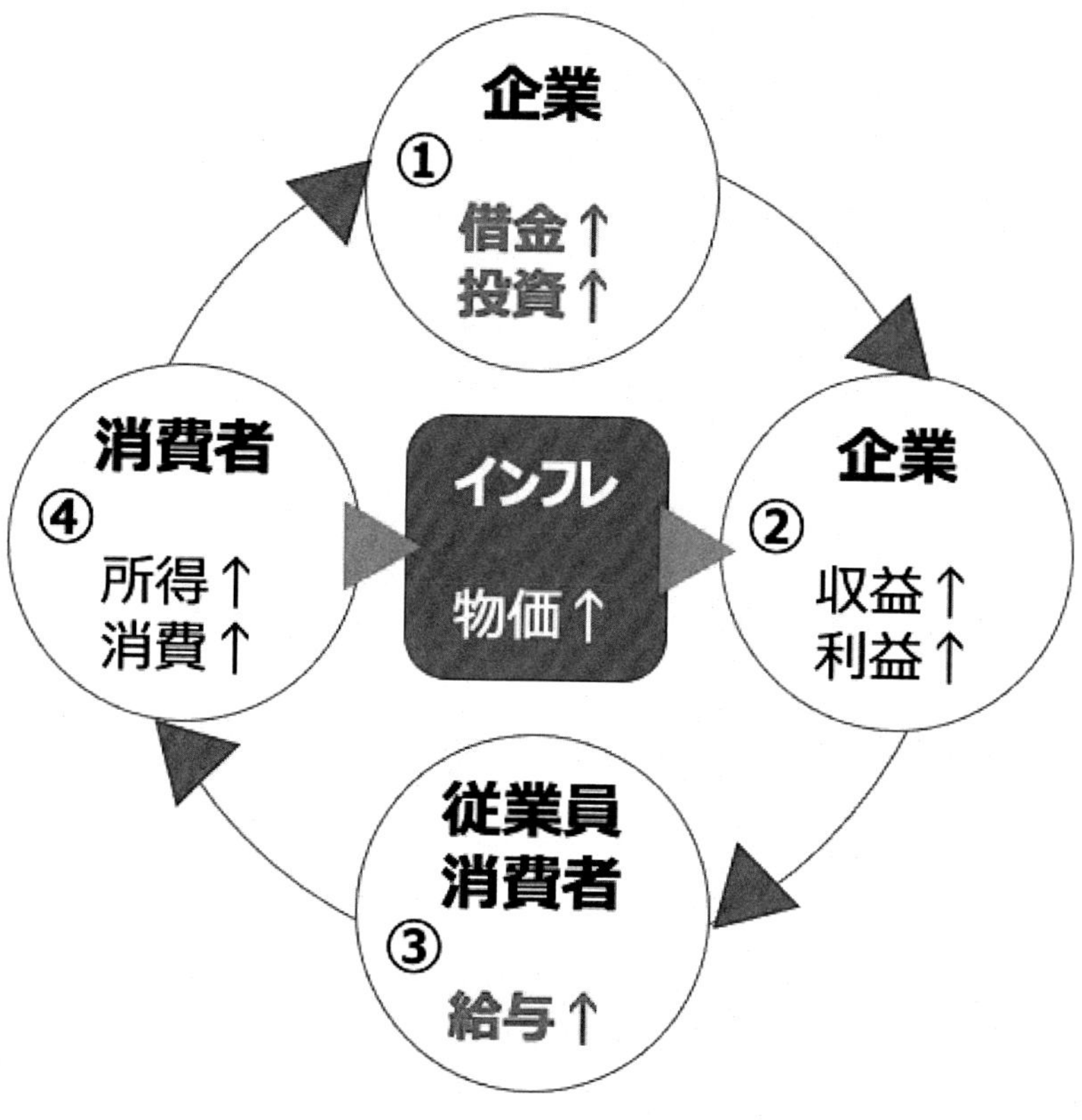

の減少分）に当てられ、残りは企業に未分配の利潤として残される（この中に経営者への報酬や株主への配当が含まれる）。つまり、生み出された付加価値が労働、資本、政府、企業に割り当てられることになる。

式にすると、

GDP＝雇用者所得＋営業余剰＋固定資本減耗＋（間接税－補助金）

となる。これを「分配（所得）面のGDP」と言い、生産面のGDPと一致する。

上記のように分配された所得がどのようにして使われるかが、「支出面から見たGDP」である。ここでは、お金を使う経済主体ごとにその支出を考える。経済主体は、家計、企業、政府、海外に分けられる。支出面から見たGDPは、次のように表せる。

GDP＝民間最終消費支出（家計と企業の消費の合計）＋政府最終消費支出＋総固定資本形成（民間と政府の投資の合計）＋在庫品増加（在庫もいずれ売れるから投資とみなす）＋経常収支（輸出－輸入）

何をごちゃごちゃ言っているんだと思っている人もいるかもしれない。GDPの三面等価の原則がなぜ大事かと言えば、**「誰かの支出は別の誰かの所得」であることを表している**からだ。これは、一定期間のお金の流れであるフローでも成り立つし、ある時点での残高であるストックでも成り立つ。つまり「誰かの借金（負債）は別の誰かの資産（債権）」ということだ。当たり前だよね。でも、このことが意外に忘れられているので、長々と説明したのである。

注：このコラムの記述は、Wikipedia「三面等価の原則」、会田卓司・榊原可人「日本経済の新しい見方」（きんざい）を参考にした。

08 日本の現実は、インフレの逆＝戦後世界初のデフレ

それでは、現実の日本では何が起きていたのだろう？　図表08‐1は1990年から2018年までの物価上昇率（総合指数）の推移である。折れ線グラフが0％より下にあるということは、物価が前年より下がったことを意味している。**日本の物価は、1998年以降ほぼ下がり続けている**のだ。1997年と2014年に物価が上がっているのは、消費税増税の影響である。

物価が持続的に下落することをデフレ（デフレーション）（※1）という。つまり、インフレの逆である。日本では20年以上にわたってデフレ傾向が続いていることになる。多くの日本人は物価が下がるデフレなど普通のことだと思っているかもしれないが、このようなデフレは戦後の世界では初めてのことだ。むしろ、今までの世界ではインフレが常態だったのである。P6で紹介した「割安な日本」は、こうしてできあがったわけだ。

デフレは物価が安くなることだから、消費者にとっては良いことだと思うかもしれない。給与が下がらなければ（上がればもちろん）、物価が下がることは良いことだが、給与はどうなったのか？

図表08‐2は、主要国の時間当たりの賃金の推移である。賃金が1997年から2018年までの約20年でどのくらい増えたかを示している（※2）。**韓国が170％**近く、その他の先進国も90～60％増加しているのがわかる。**日本だけがマイナス8.2％**だ。ここでも一人負けだ。物価は下がったが、給与も下がったのが、この20年の日本である。

（※1）デフレは、経済学的には「2年以上の継続的物価下落」のことを指すので、厳密に言えば、現在はデフレではないことになる。しかし、物価が安定的に上昇しているといえる状況（インフレ）とはとても言えず、デフレ傾向を脱却したとは言い難い。

（※2）図表08‐2は、2018年までの時間当たりの賃金の推移だが、2020年まで統計は発表されている。2018年から2020年で、OECD全体では6％上昇したが、日本は3％下落した。

図表 08-2 ＜物価上昇率の推移＞

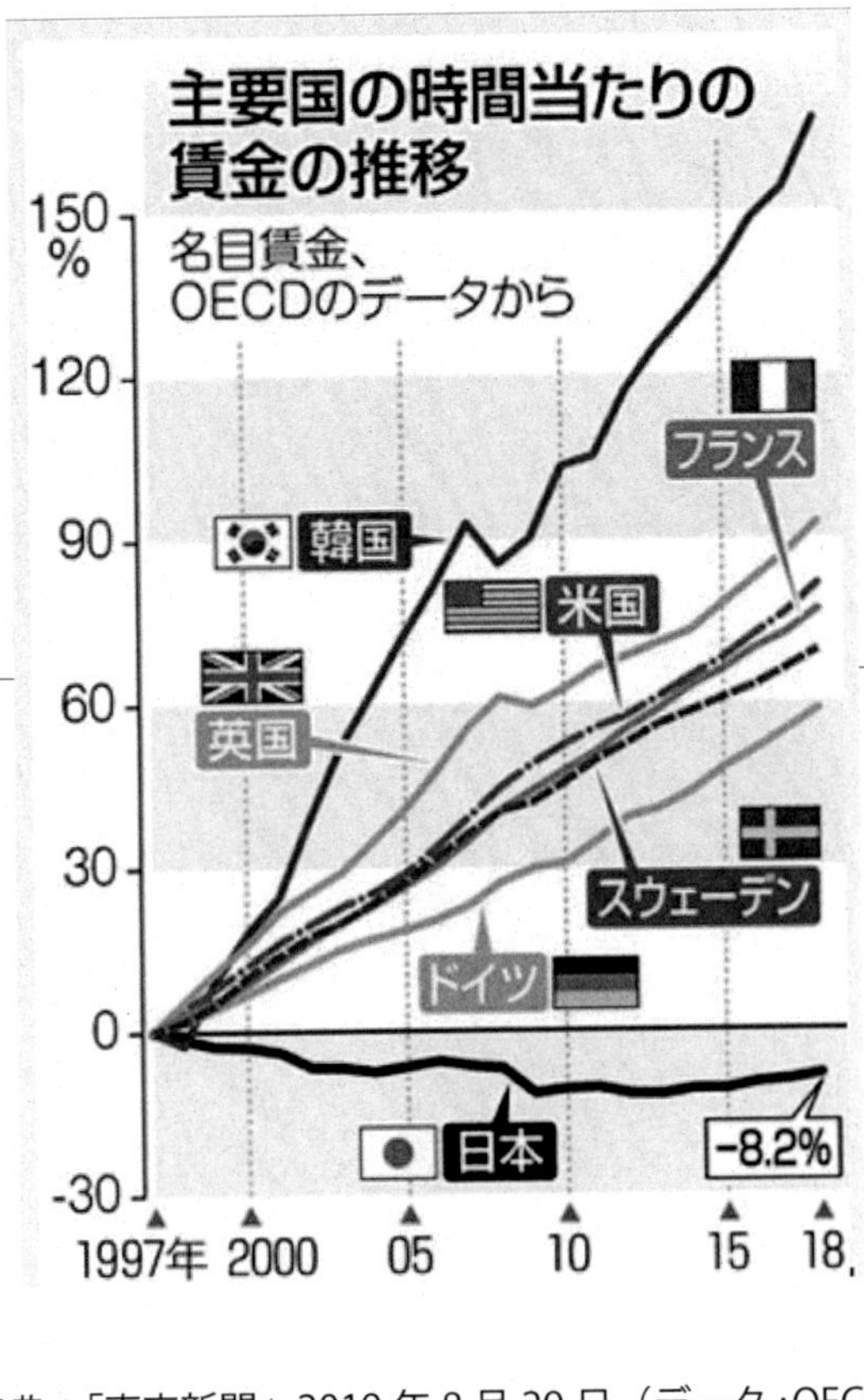

出典：「東京新聞」2019年8月29日（データ：OECD）

コラム

「人手不足なのに
なぜ賃金が上がらないのか」

という本が、2017年に出ている（玄田有史 編・慶應義塾大学出版会）。**有効求人倍率は、求職者1人に対して何件の求人があるか**を示

図表 08-1 ＜物価上昇率の推移＞

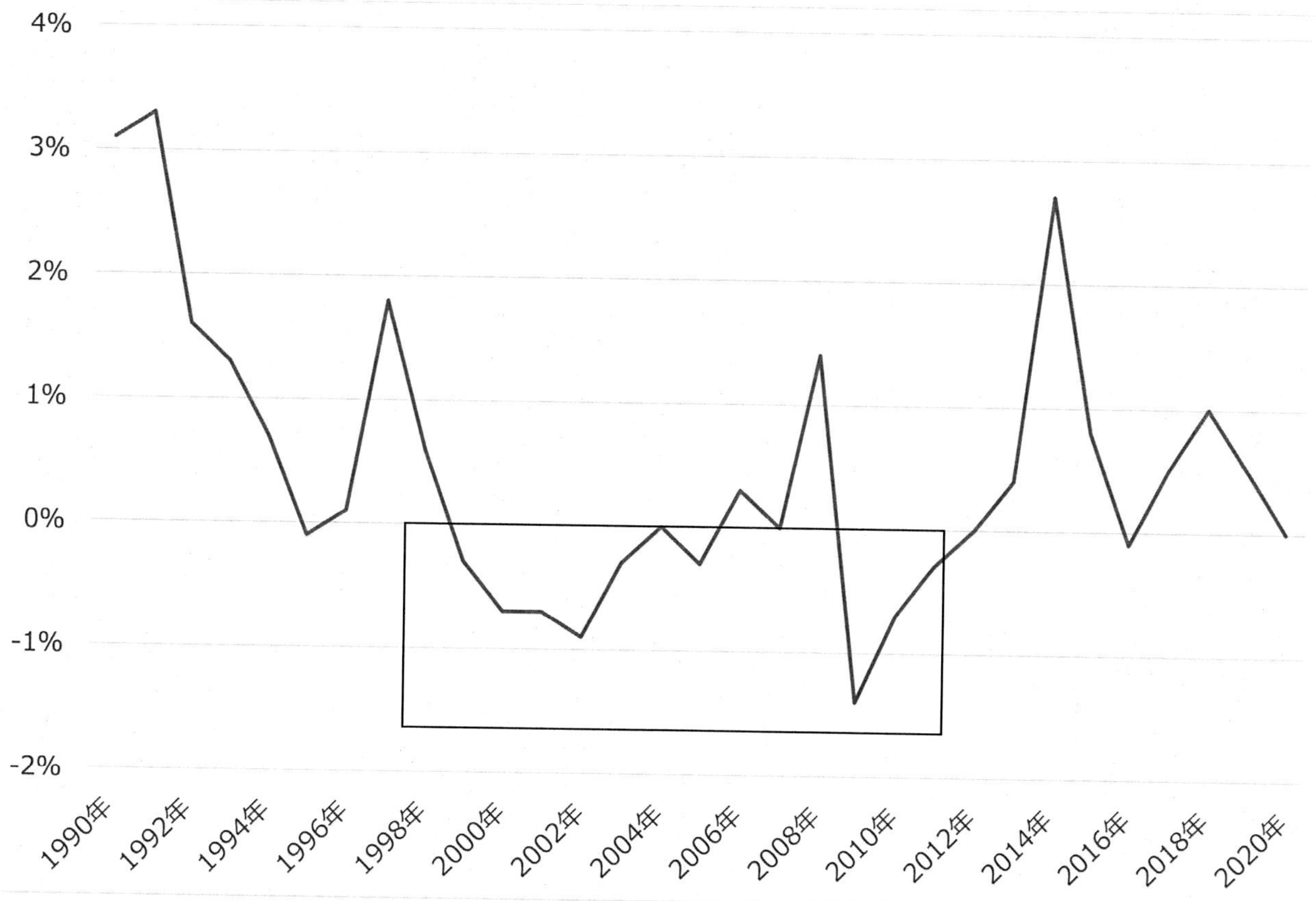

出典：総務庁総計局データより作成

している。１倍を超えている時は、求職者より求人件数の方が多いから、求職者にとっては就職しやすいし、企業にとっては人手不足になる。リーマンショックの後の２００９年には０．４５だった有効求人倍率は、その後上昇し続け、２０１８年には１．６２となり、これはバブル期の１９９０年を超えている。ということは、人手不足だから賃金は上がりそうなものだが、名目賃金は２０１８年を除いてはほとんど上がっていない。

　さらに物価上昇率を調整した実質賃金は（こちらの方が生活にとっては重要な指標だが）、もっと低い。先ほど紹介した本では大勢の学者がいろいろな理由を挙げているのだが、明確な結論は出ていない。

　ただ一つ言えそうなのは、**この間非正規雇用者が増えている**ことである。１９９０年に20%だった非正規雇用率は、２０００年には26%、２０１０年には34%、２０１９年には38%と増えてきている。**非正規社員の賃金は正社員の２／３だから、非正規雇用者の増加が人手不足なのに賃金の上がらない原因**になっていることは、十分に考えられるのである。

09 給与が下がり続けるデフレの悪循環

デフレが起きる原因は、モノが売れないことである。モノが売れないと、企業の収益が下がり、利益が減る。ひどい場合は倒産だ。（図表09-1参照）

①企業は利益を確保するために、従業員の給与を下げる。つまり、**みんな（消費者）の所得が下がる。**

②所得の下がった消費者は消費を減らすから、**モノが売れない。**

③企業はこれからも儲からないと考えて、借金をして投資しようとはしない。モノが売れないから、**値段を下げて売ろうとする。**

④企業は値下げばかりで収益が上がらないから、また給与を下げる。しかし、**企業は投資もしないし給与も下げているから、利益は上がる。**

①→②所得の下がった消費者はさらに消費を減らし……

という「悪いサイクル」が続く。これを**デフレスパイラル**という。

また、デフレが続くと借金は不利になる。デフレとは持続的に物価（モノの値段）が下がることだから、**貨幣の価値が上がる。**しかし、借金の額は変わらないから、実質的な借金の負担は重くなってしまうのだ。

2000年以降の日本経済の長期停滞のメカニズムを、小川一夫「日本経済の長期停滞」（日本経済新聞出版）が実証分析に基づいて明らかにしている。企業の日本経済に対する長期見通しが改善されないので、設備投資が低迷する。企業が何を重視して長期見通しを決定するかというと、それは過去から現在に至る低い消費成長率である。なぜ消費成長率が低迷するかといえば、**家計が公的年金制度をはじめ、将来の不確実性の高まりから、消費を抑制しているため**だ。以上の結論がさまざまなデータから導き出されている。

私なりにまとめ直せば、次のようになる。需要が不足するからデフレになる。需要とは、消費と投資を合計したものである。企業はモノが売れないから、新たな投資をしようとしない。消費者はこの先給与は上がらない、あるいはさらに下がるという将来不安から、ますます消費を控えるようになる。

同様に企業も将来の需要回復の見込みが薄ければ、ますます投資を控える。

つまり、**日本の将来に悲観的だから、企業は借金しないし、消費者は消費しない、その結果デフレスパイラルが繰り返されてきたのだ。**

コラム

デフレスパイラルでも、企業だけは儲けていた？

デフレスパイラルというと、企業も利益を出してこなかったように考えそうだが、実はそんなことはない。

図表09-2は、資本金10億円以上の大企業（金融・保険業除く）がどのようにお金を分配してきたか、その推移を示している。1997年を100とすると、2017年には経常利益は306.4だから、3倍になっているのがわかる。株主等への配当金は572.8で6倍近く、内部留保（利益剰余金）は243.9で2倍以上だ。内部留保には投資分も含まれるが、約3割が預貯金だ（全企業だと半分）。これに対して、賃金は98.2で20年前より少ない。**賃金を上げるには、内部留保を取り崩すか、株主への分配を減らすしかないわけだから、その逆がずっと行われてきたことになる。**図表09-1で示したデフレスパイラルのメカニズムが続いてきたのである。

内部留保を積み上げていたから、新型コロナの悪影響を緩和できた企業もあったのではないかという意見もあるだろう。その通りであ

図表 09-1 ＜デフレスパイラル（経済の悪いサイクル）＞

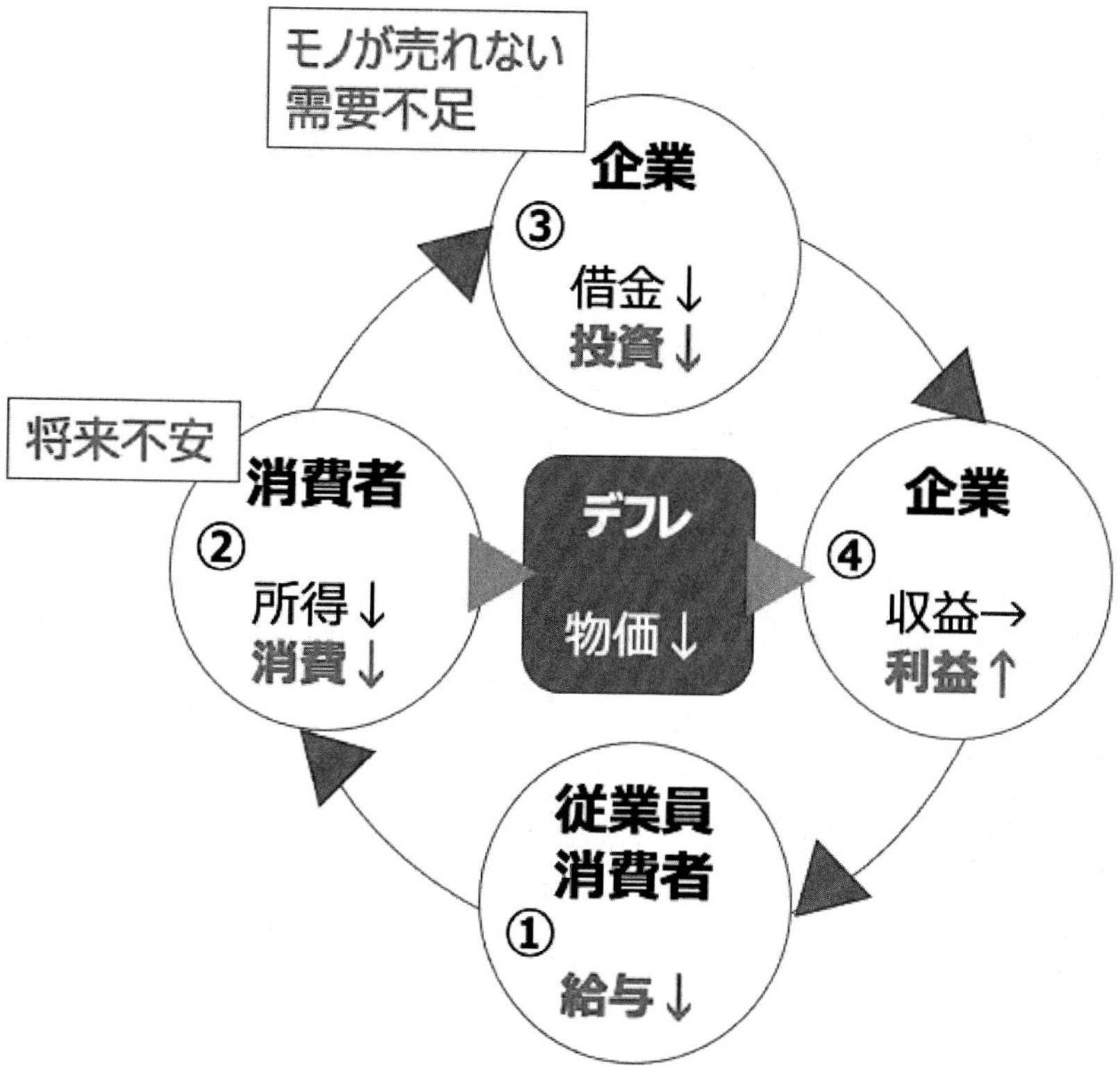

る。しかし、将来の危機に備えて利益を溜め込む一方で、投資もしない、給与を下げることで売上が増えなくても利益が出せる、という企業に未来があるのか、もう一度考えてほしい。

図表 09-2 ＜大企業の経常利益・配当金・内部留保・賃金の推移＞

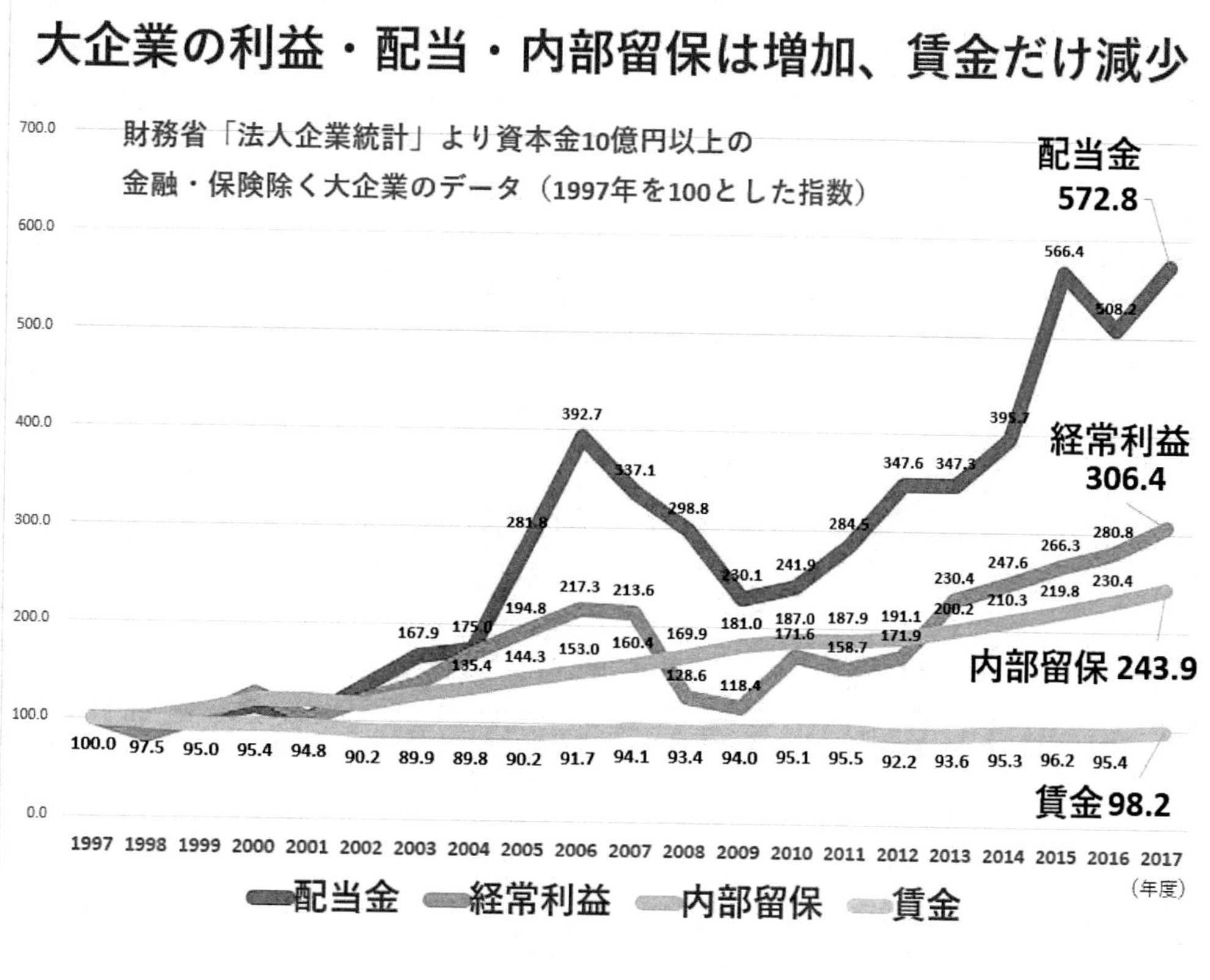

出典：「井上伸ブログ」2019 年 7 月 21 日（データ：財務総合政策研究所「法人企業統計」）

10 企業がお金を借りなかったから、平成の日本は成長しなかった

なぜ世界で平成の日本だけが成長しなかったのか？　物価と給与が下がり続けるデフレスパイラルに陥ったのか？　それはバブル崩壊以降、**企業がお金を借りなかったからである。**そのことを説明する前に、そもそも経済の仕組みがどうなっているのかを考えてみたい。リチャード・クー『「追われる国」の経済学』（東洋経済）という本がわかりやすい解説をしているので、それに基づいて説明しよう（図表はクーの説明に基づいて筆者が作成。原文では所得は1000ドルである）。

まず図表10-1の**「通常の経済循環の仕組み」**を見てほしい。例えば、10万円の所得のある人がいて、その90％の9万円を支出し、10％の1万円を銀行に貯蓄したとする。9万円を使って商品を買うわけだから、9万円はその商品を作ったり売ったりしている会社やお店の収入になり、その会社やお店に勤めている誰か別の人の所得になる。

一方、**銀行に貯蓄された1万円は、企業や個人がそれを借りて支出すれば、やはり誰かの所得になる。**このように所得の90％が支出され、10％が貯蓄され、その貯蓄を誰かが借りることが繰り返されれば、合計の所得は10万円のままで経済は循環していくことになる。これが通常の経済循環の仕組みだ。

借金こそが経済を拡大する

次に図表10-2の**「借り手がいなくなってしまった経済」**を見てほしい。借り手がいなくなってしまうとどうなるのか？　やはり、10万円の所得のある人がいて、その90％の9万円を支出し、10％の1万円を銀行に貯蓄する。支出された9万円は別の人の所得になるが、**貯蓄された1万円は借り手がいないので、銀行にそのまま残る。**次に9万円の所得の90％の8万1千円が支出され、それは他の誰かの所得になるが、10％の9千円は貯蓄され、また銀行に残る。今度は8万1千円の所得の90％の7万2900円が支出され、誰かの所得になり、10％の8100円は貯蓄され銀行に残る。

このように所得の90％が支出され、10％が貯蓄され銀行に残ることが繰り返されると、みんながもう貯蓄できないほど、つまり**所得の100％を支出しないと生活ができなくなるほど、貧しくなるまで所得は下がっていく。**実はこれが恐慌の状態なのである。

バブル崩壊以降、日本で起きたことは、簡単に言えば、このように**企業がお金を借りなかったことが招いた。借金こそが、資本主義の原動力なのだ。**金は天下の回り物というが、経済学とは金の回り方や金の良い回し方についての学問なのである。

それでは、日本がどのようにしてデフレスパイラルに陥ったかを、具体的に見ていくことにしよう。

コラム

信用創造とは？

このページでは、通常の経済と借り手がいなくなってしまった経済を比較するために、10万円の所得のある人が9万円を支出し、1万円を銀行に貯蓄するという事例を使って説明した。前者では合計所得は10万円のままで、経済は回っていくが、後者では貯蓄できないほど貧しくなるまで所得は下がってしまい、経済は回らなくなる。ただし、この説明は両者の違いを明確にするためのものであり、2つの点で現実の経済を表していない部分がある。

図表 10-1 ＜通常の経済循環の仕組み（借金するから経済は回る）＞

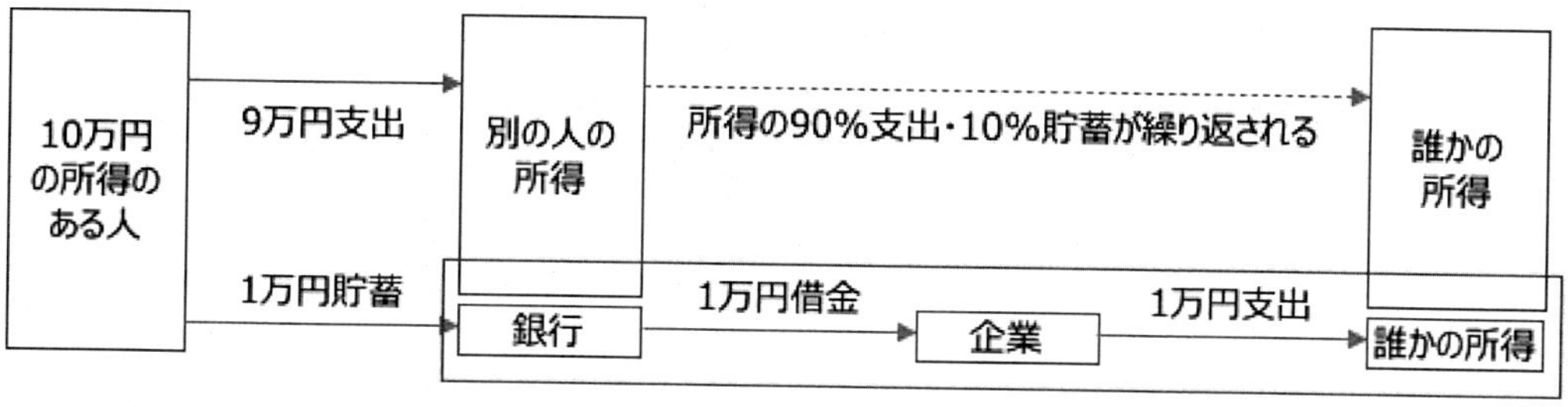

出典：リチャード・クー「追われる国の経済」より作成

図表 10-2 ＜借り手がいなくなってしまった経済＞

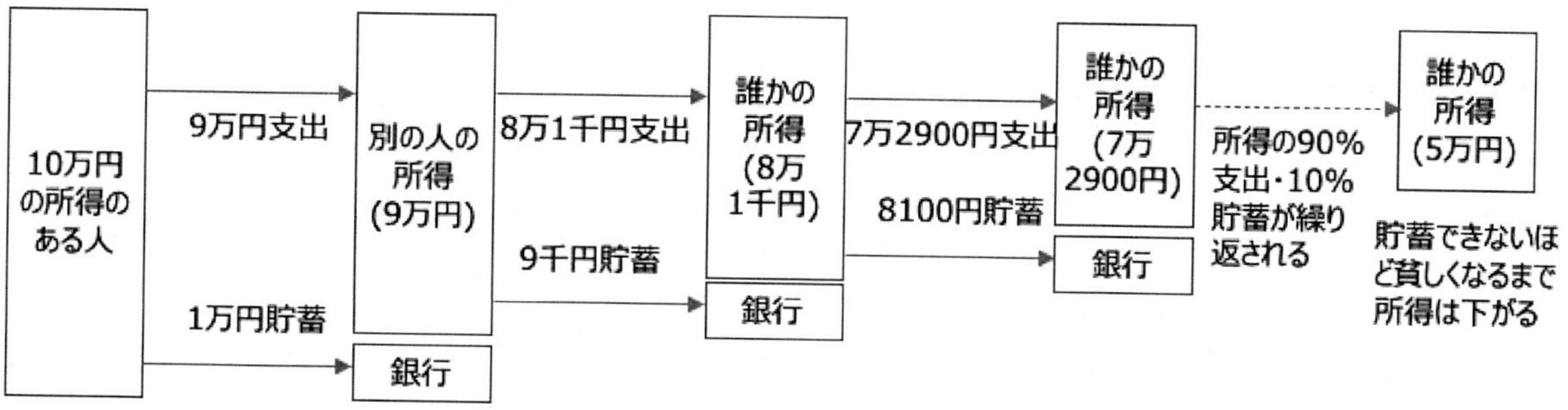

出典：リチャード・クー「『追われる国』の経済」より作成

まず借金をした企業は商品やサービスを販売して、新しい価値を作り出していくわけだから、もちろん全体としての所得は増えていく。

もう一つは銀行が企業に融資（企業が銀行から借金）をすることによって、通貨の量は増えるという点である。例えば、A社が銀行に100万円預金をすると、通帳には100万円と記載される。その後、銀行がB社に100万円貸し出したとする。この時、A社の通帳には100万円、B社の通帳にも100万円と記載されているから、通貨の量は合計200万円で、当初の2倍になる。C社にも100万円貸し出せば、通貨の量は300万円で、3倍だ。つまり、銀行が貸し出せば貸し出すほど、通貨の量は増えていくのだ。この仕組みを「信用創造」と言う。

この信用創造によって、世の中のお金の量が増え、それを使って商品やサービスが生産・販売され、

みんなの所得が増えていくことで、GDPは成長していくのである。いかに銀行の融資、つまり借金が、経済にとって大事かがわかると思う。

上の例でも分かるように、銀行は預金されている金額を上限に融資を行うわけではない。銀行にはたくさんの預金者がいるが、大勢がいっぺんに預金を下ろすことがない限り（これが取り付け騒ぎだ）、問題にはならないし、通常このようなことは起きない（ただし、いざという時の安全のために、預金総額の一定比率は準備しておく必要はある）。

それでは、銀行はいくらでも融資（貸し出し）を増やすことができるのか？　そんなことはない。借り手である企業に返済能力がなければ、融資することはできない。それ以前に、企業に借金の意向がなければ、融資の増やしようがない。平成の日本で起きていたことが、まさにそれだったのである。

11 日本経済がなんとか持ったのは、政府が「借金」したから

前のページで見たように、経済学とは金の回り方の学問である。**誰かの支出は別の誰かの所得である**という理解が決定的に大切だ。もう一つ、借金をして投資をする、例えば工場を建てたり機械を買ったりするから、経済は成長していくと理解しなければならない。

赤字を減らそうと支出を削ったり給与を減らしたりすれば、必ず誰かの所得の減少につながるのである。

借金とか負債とか赤字とかいうと悪いものと決めつけがちだが、そうではない。

国全体で誰が資金を貸しているか、誰が資金を借りているかを「貯蓄投資バランス」という。そこには家計、企業、政府、海外という4つの部門が登場する。貯蓄が多ければ黒字であり、投資が多ければ赤字となり、誰かんだりして投資することはあるが、通常は貯蓄する主体であり、それに対して、企業は通常負債によって投資をうことは、**4つの部門の黒字・赤字を足すとゼロになる**のだ。つまり、家計の「貯蓄−投資」、企業の「貯蓄−投

資」、政府の「税収−財政支出」、海外部門の「輸入−輸出」（海外から見て下。グラフには載せていないが、上は資金の出し手である。

バブル崩壊までは、家計の貯蓄を企業が借りて投資をすることで、経済は成長していた。家計も住宅ローンを組んだりして投資することはあるが、通常は貯蓄する主体であり、それに対して、企業は通常負債によって投資をする主体である。**バブルが崩壊する91年までは、企業は負債過剰、資金の借り手だった**（グラフでは、企業は0％より

れば、日本の輸入が増えれば黒字、輸出が増えれば赤字になる（この詳しい説明はP35のコラム参照）。

図表11−1は企業と政府の負債（GDPに対する比率）の推移を示したものである。下に行くほど赤字が多い、つまり負債過剰、上に行くほど黒字が多い、つまり貯蓄過剰であることを示す。真ん中の横線が0％だから、それより下は資金の借り手、上は資金の出し手である。

国全体で誰が資金を貸しているか

より下は資金の借り手、上は資金の出し手である。

年間100兆円も使わなくなった企業

バブル崩壊で大量の負債を抱えた企業は借金をしなくなり、というより借金をどんどん返済し始めた。借金返済の結果、企業は投資する主体から貯蓄する主体になった（グラフの大きな矢印）。90年の企業の負債はGDPの約

9％だから50兆円程度、それに対して2000年代の前半には毎年50兆円規模で金を貯め込むようになったのである。**企業が差し引きで年間100兆円の金を使わなくなった**のだから、経済に悪影響を及ぼしたのは言うまでもない。

企業は2005年頃にはバブル崩壊による負債をほぼ解消したと思われるが、その後も貯蓄過剰のままである。

企業が借金をして投資をしない理由は、P22〜P23で見た通り、日本経済の長期見通しに悲観的なためである。

その結果、デフレスパイラルは継続することになった。

一方、政府はどうだったのか？　政府は通常資金の借り手であるが、景気が悪いと税収が減るので負債が増え、景気が良いと税収が増えるので負債が減る。バブル期に一時貯蓄過剰となっているが、これは好景気のために税収が増えたことが要因だ。しかし、バブ

手だった（グラフでは、企業は0％よ
り下。グラフには載せていないが、家計は常に0％より上）。

ところが、バブルの崩壊で状況は一変する。失われた国富は株と不動産だけで累計1300兆円で、これはGDP比で**大恐慌時の米国の損失の3倍**に当たる。主要都市の商業地の価格はピークから87％も下落して1973年以来の安値をつけた。バブル崩壊は大恐慌以来のクライシスであり、日本企業が受けたダメージの大きさもわかるだろう。

図表11-1 ＜企業と政府の「貯蓄・負債」の推移（対GDP比）＞

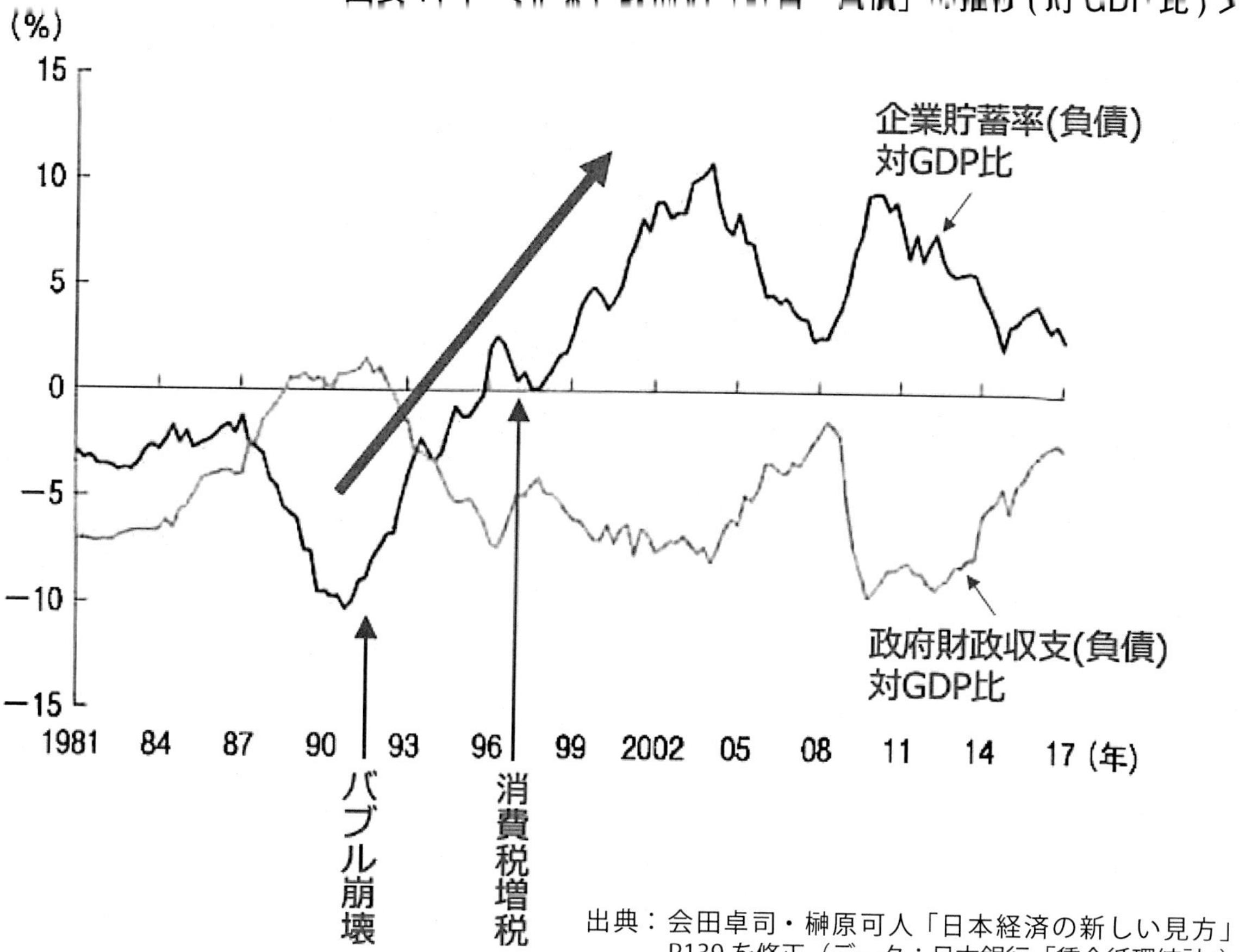

出典：会田卓司・榊原可人「日本経済の新しい見方」
P139を修正（データ：日本銀行「賃金循環統計」）

ル崩壊後、企業が負債を減らしていくのとは対照的に、政府は財政支出を増加させ、負債を増やしていく。グラフの政府財政収支の折れ線が示している通りである。

ここでもう一度思い出してほしい。誰かが借金をして別の誰かの所得を作らなければ、経済は循環していかないことを。**バブル崩壊以降、日本経済を支えたのは政府の財政支出だった。**資金の借り手としての企業が後退する中で、平成以降は政府が唯一の資金の借り手となったのだ（２つの折れ線が０％の横線をはさんで、ほぼ対照的に動いているのを見てほしい）。

財政支出にもかかわらず、日本経済は浮上しなかったのだから、財政支出に効果はなかったという議論がある。しかし、それは誤りだ。企業の支出（負債）の縮小を上回る政府の支出（負債）の拡大ができなかった、**むしろ財政支出は足りなかったのだ。**少し景気が良くなると、財政再建に走ったことが、日本をデフレスパイラルに陥れた。１９９７年の財政支出の縮小と消費税増税（税金はマイナスの支出である）が日本経済に及ぼしたダメージは大きかった。この点については、またあとで触れる予定である。財政支出が足りなかったなどと書くと、財政赤字の拡大について、どう考えているのか？と思った人も多いだろう。この点についても、のちほど詳しく議論したい。

注：このページの記述は、会田卓司・榊原可人「日本経済の新しい見方」（きんざい）、藤井聡「プライマリー・バランス亡国論」（育鵬社）、リチャード・クー「『追われる国』の経済学」（東洋経済）を参考にした。

12

金融緩和すればうまくいくと思ったが、インフレのサイクルは回らなかった

デフレからの脱却、適度なインフレを起こすために、ゼロ金利政策や量的緩和（※1）が行われてきた。**インフレ目標として2%の物価上昇率が設定されたが、現在まで達成されたことはない。**金融緩和によって、なぜインフレのサイクルが回らないのかを考えてみよう。

図表12－1は、国内経済の仕組み、つまりお金の流れがどのようになっているかを示したものである。実線の矢印がお金の流れを表している。まず経済は**公共部門**（**政府や日本銀行**）と**民間部門**（**民間経済**）に分けられる。さらに民間経済は、**金融部門**（**金融経済**）と**非金融部門**（**実体経済**）に分かれる。**お金の流れ**（**貨幣循環**）の視点から言うと、金融経済と実体経済は全く異なる性格を持っていることが重要である。

企業と家計からなる実体経済では、財・サービスの取引によってお金が流れ、誰かがお金を使えば必ず別の誰かの所得になる。これを**活動貨幣**と呼ぶ。それに対して、金融経済では資金の貸借や有価証券の取引によってお金が流れるが、お金を貸しただけでは誰の所得も生まない。**金融部門内に滞留しているだけでは不活動貨幣**であり、**お金は実体経済に出て行って初めて所得を生み、経済成長につながる**のである。

さて、経済成長のインフレのサイクルを回すために、公共部門にはどのような手段（これを**マクロ経済政策**と呼ぶ）があるか？ **①金融政策**と**②財政政策**がある。①金融政策では、政府が発行した国債（借金証書）を保有する民間銀行などから日本銀行が国債を買い入れ、代わりに貨幣を供給する（これを**買いオペレーション**＝**買いオペ**と言う）。金融部門で貨幣量が増大すると、お金を借りたいという需要が減り、貸したいという需要が増えるから、金利（利子率）が下がる。金利が下がれば、企業は投資のためにお金が借りやすくなり（銀行から言えば、融資が増え）、実体経済に多くのお金が出回るようになる。**消費者の所得と企業の収益が上がり、インフレの良いサイクルが回る**、景気が良くなるのである。もう一つの②財政政策は、政府が財政支出をする、つまり直接実体経済でお金を使うことだ。

マネーサプライとは？

日本銀行が金融部門を含めた経済全体に供給する通貨量を**「マネタリーベース」**（具体的には現金通貨と日銀当座預金残高の合計（※2））、金融機関と中央政府を除く経済主体（企業や家計）が保有する通貨、つまり実体経済に流通する通貨（現金通貨や預金など）の合計を**「マネーサプライ（マネーストック）」**と呼ぶ。**マネーサプライはマネタリーベースの何倍もある。**なぜなら、民間銀行が企業に融資することで、実体経済の通貨量が増えるからだ。A社が100万円を銀行に預金したとする。銀行は90万円をB社に融資する。**融資によってお金の量は100万円から190万円に増えている**（A社の通帳には100万円、B社の通帳には90万円と記載されている）。つまり、銀行がお金を貸すとお金の量は増えるのだ（これを**信用創造**と呼ぶ。P24参照）。

政府・日本銀行は、金融緩和でマネタリーベースを増やすことで、マネーサプライを増加させ、インフレにしようとしたが、うまくいかなかった。その理由は、銀行から企業への融資が増えなかったからだ。図表12－2は、マネタリーベース、マネーサプライ、国内銀行貸出金の伸び率を、2013年3月を100として示している。マネタリーベースを261%増やしたが、銀行貸出は17%、マネーサプライは21%しか伸びなかった。図表12－1で言えば、融資と書かれた矢印のところ

が目詰まりしているから、つまり、**企業が借金をして投資しようとしないから、お金が実体経済に流れない。**こうした状況で実体経済の金回りを良くするためには、**政府が直接お金を使う、つまり財政政策（財政支出）を行うしかない。**ひとこと付け加えるならば、デフレから脱却し、適度なインフレを起こす必要はあるが、そのこと自体が目的ではないことに注意すべきである。目的はあくまでも、みんなが幸せになることだ。そのために経済成長が必要なのであり、適度なインフレはその結果起こる現象なのだ。

（※1）ゼロ金利政策とは日銀の目標金利をゼロに近く誘導することで、量的緩和とは日銀当座預金残高を拡大させることで、金融緩和を行う政策である。

（※2）現金通貨とは日本銀行券（紙幣）と硬貨。日銀当座預金残高とは、民間銀行などが他の銀行や日銀などとの決済のために、日銀に持っている口座の残高。

注：このページの記述は、井上智洋「ヘリコプターマネー」（日本経済新聞出版社）、青木泰樹「経済学者はなぜ嘘をつくのか」（アスペクト）を参考にした。

図表 12-1 ＜国内経済＝お金の流れ（貨幣循環）の仕組み＞

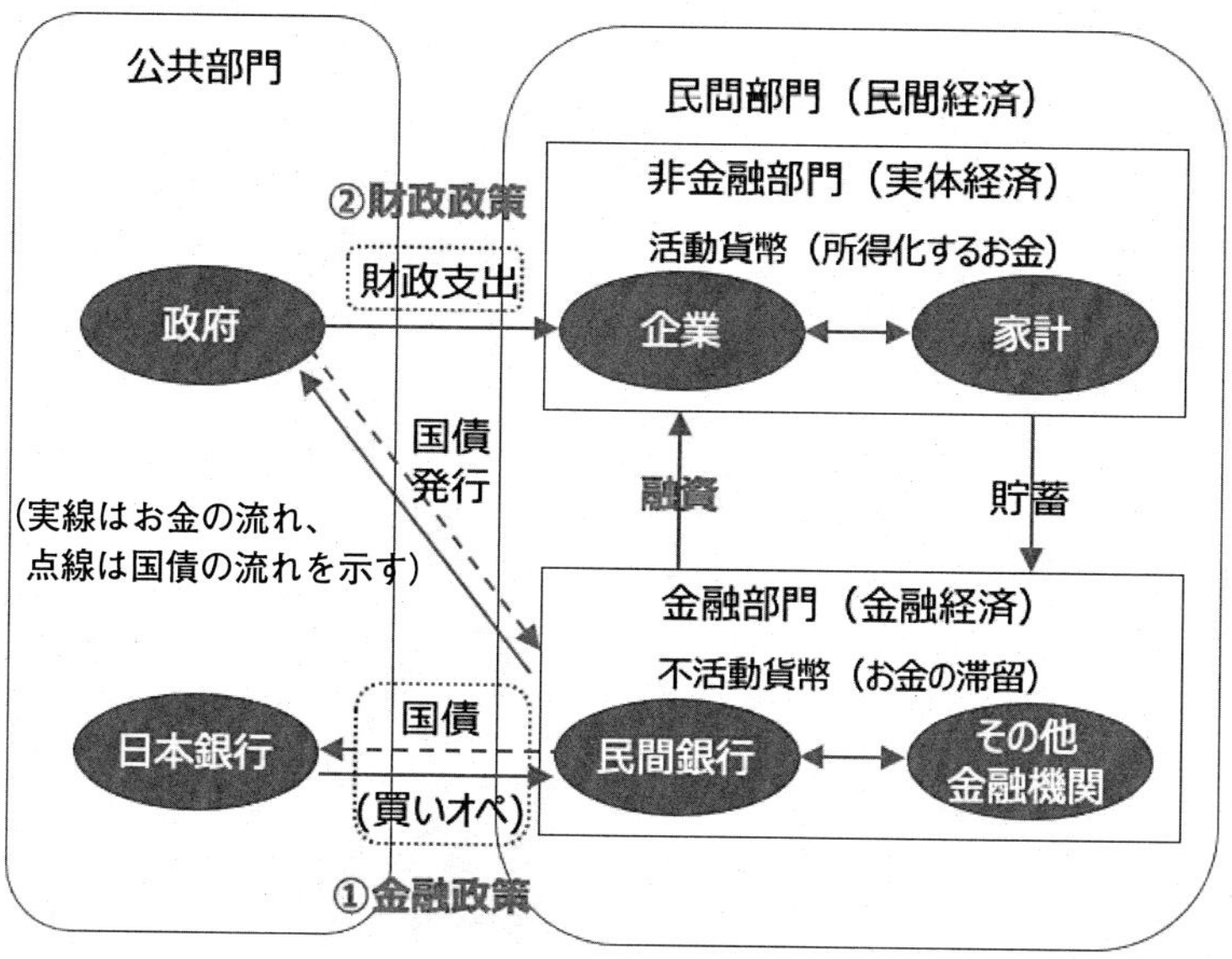

出典：青木泰樹「経済学者はなぜ嘘をつくのか」P238 を参考に作成

図表 12-2 ＜マネタリーベース、マネーサプライ、国内銀行貸出金の伸び率＞

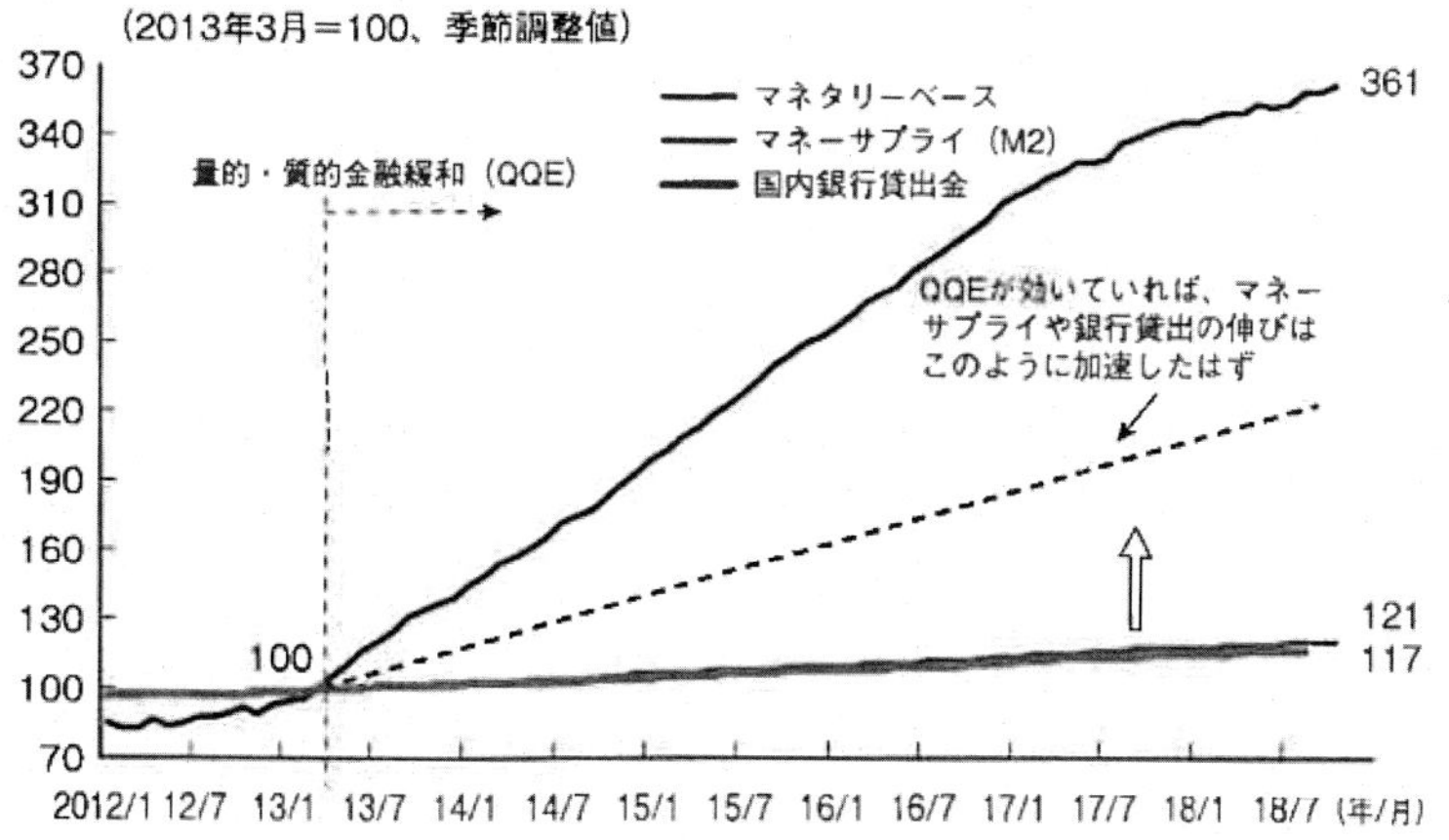

出典：リチャード・クー「『追われる国』の経済」P76 を修正

図表 12-3 ＜マネタリーベースとマネーストック (M2) の増大率＞

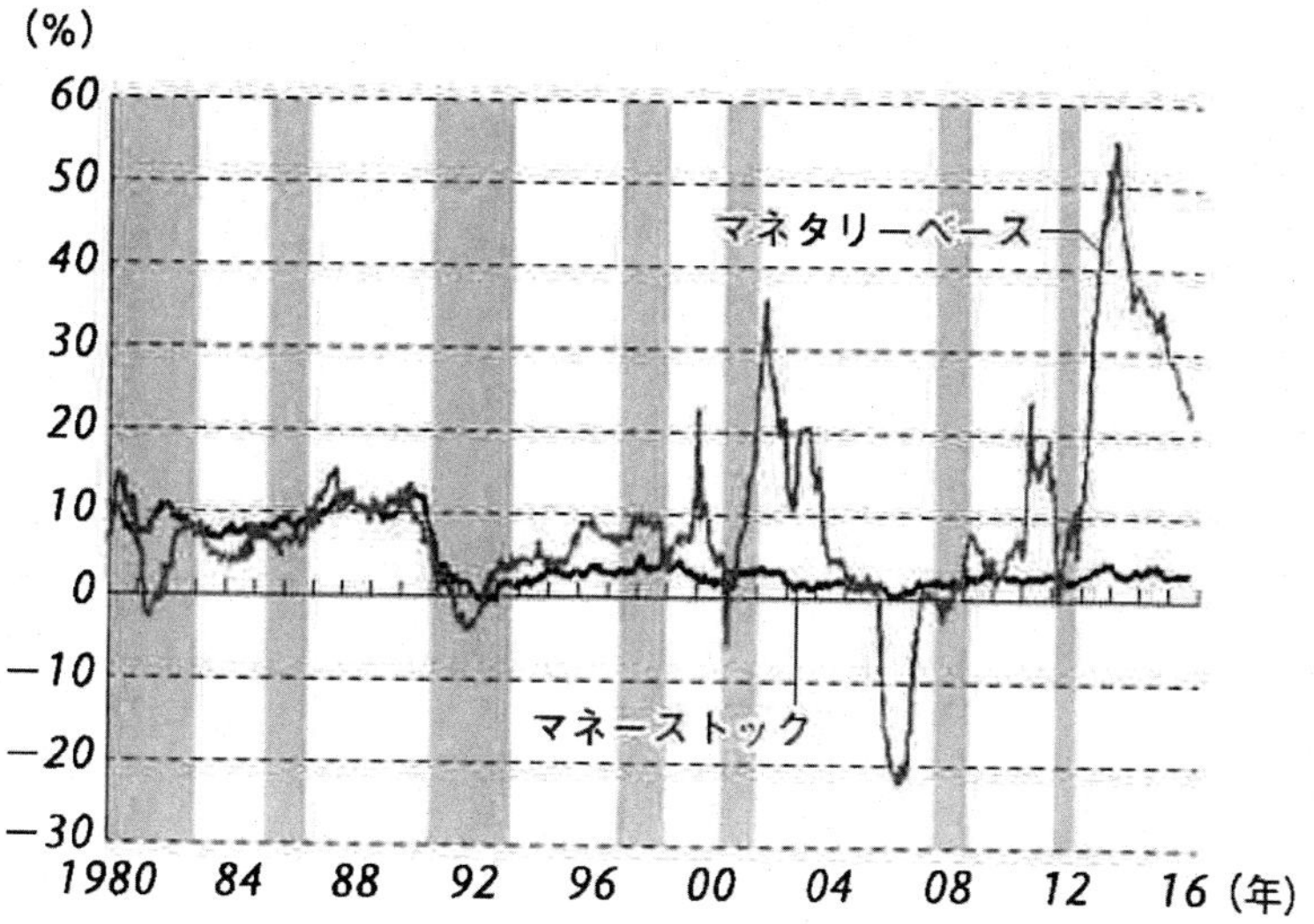

出典：井上智洋「ヘリコプターマネー」P89

［Part 3：参考文献］

著 者	書 名	出 版 社	発 行 年
会田卓司、榊原可人	日本経済の新しい見方	きんざい	2017
明石順平	データが語る日本財政の未来	集英社インターナショナル	2019
井上智洋	MMT 現代貨幣理論とは何か	講談社	2019
岩田規久男	「日本型格差社会」からの脱却	光文社	2021
ステファニー・ケルトン	財政赤字の神話	早川書房	2020
高橋洋一	未来年表 人口減少危機論のウソ	扶桑社	2018
高橋洋一	財政破綻の嘘を暴く	平凡社	2019
田原総一朗、藤井聡	こうすれば絶対よくなる！日本経済	アスコム	2021
デービッド・アトキンソン	日本企業の勝算	東洋経済新報社	2020
中野剛志	奇跡の経済教室【基礎知識編】	KK ベストセラーズ	2019
中野剛志	奇跡の経済教室【戦略編】	KK ベストセラーズ	2019
朴勝俊、シェイブテイル	バランスシートでゼロから分かる財政破綻論の誤り	青灯社	2020
″ブレイディみかこ、松尾匡、北田暁大″	そろそろ左派は＜経済＞を語ろう	亜紀書房	2018
藤井聡	プライマリー・バランス亡国論	育鵬社	2017
藤井聡	「10％消費税」が日本経済を破壊する	晶文社	2018
松尾匡	この経済政策が民主主義を救う	大月書店	2016
″藻谷浩介、河野龍太郎、小野善康、萱野稔人″	金融緩和の罠	集英社	2013
望月慎	MMT 現代貨幣理論がよくわかる本	秀和システム	2020
森永康平	MMT が日本を救う	宝島社	2020
森永卓郎	消費税は下げられる！	KADOKAWA	2017
リチャード・クー	デフレとバランスシート不況の経済学	徳間書店	2003
リチャード・クー	「追われる国」の経済学	東洋経済新報社	2019

【Part 3】

今こそ
政府の財政支出を
増やそう

（3つの反論に回答する）

13

これから、政府の財政支出（公共事業）を増やして、経済成長の良いサイクルを作ろう！

ここまでの議論をまとめておこう。

世界中で平成の日本だけが成長していなかった。その結果、いつの間にか日本人の平均年収は先進国で最低、すでに韓国より低いありさまである。

新型コロナで海外旅行は現在ストップしてしまっているが、訪日外国人が急増した理由の一つは、物価が安くなったことにある。観光客が増えているのは今まで見た通りだが、日本は世界の中で明らかに貧しくなっているのだ。

経済成長して、再び「先進国」にならなければならない。日本は十分豊かだから（実は豊かでなくなってきているのは今まで見た通りだが…）、これ以上成長する必要はないと言う知識人もいるが、大間違いである。経済成長しなければ、格差は増大し、社会保障費は足りなくなり、階層は固定化され、不幸な人間が増えるのだ。

しかし、**日本は世界でも最も評価されている国の一つである**。世界的なブランド・コンサルティング会社のランキングでは世界一だ。最大の課題は、日本の資源や魅力が経済成長・ビジネスに結びついていないことにある。

それでは、経済成長とは何か？ それは企業が借金・投資して収益を上げ、給与を上げることで所得の増えた消費者が消費を増やす、それには企業としては当然の行動であるが、多くの企業がそうした行動をとると、よって企業の収益がまた上がっていく、その過程で物価も適度に上昇していく「**インフレの好循環**」を回すことだ。ところが、平成の日本はその全く逆、物価が下がり続ける「**デフレスパイラル**」という悪循環に陥っていた。給与の下がった消費者は消費をしないから、企業はモノの値段を下げて売ろうとする、しかし利益が上がりにくいので、また給与を下げる。将来給与が上がる、老後も安泰と思えないから、消費者は消費を

資本主義の原動力とは、企業の借金

世界で平成の日本だけが成長しなかった理由は、バブル崩壊によりダメージを受けた企業が借金の返済をし続けたことにある。そのこと自体は企業としては当然の行動であるが、多くの企業がそうした行動をとると経済は停滞していく。2005年頃にはバブル崩壊で被った借金は返し終わったはずだが、企業はその後も大きく行動を変えなかったのである。

誰かが借り手にならなければ、経済は回らない。バブル崩壊以降、**日本経済がなんとか持ったのは政府が借金したから、つまり財政支出をしたからである**。それでも経済成長に至らなかったのは、企業の負債の縮

しないし、企業は国内の需要に自信が持てないから、投資をしない。

りなかったためだ。やや景気が持ち直した1997年に、財政支出を減らし、消費税を増税したことで、日本はデフレスパイラルに突入する。

以上の議論に基づく**結論は、「これから、政府の財政支出（公共事業）を増やして、経済成長の良いサイクルを作ろう！」である**。新型コロナ禍に対して、飲食店をはじめ、国民に自粛を要請するばかりで、十分な補償もしない政策は、経済の落ち込みを悪化させ、回復を遅らせる。一方で、他国に比べ新型コロナの抑え込みにも遅れを取るという結果をもたらした。これも政府の財政支出を増やすことが、経済を成長軌道に乗せるという理解がないためだ。

すぐに反論が出されるのがわかる。パート3では、想定される反論に対して、答えていくこととしたい。反論は、図表13-1に挙げる3つである。

小と比べると、政府の財政支出が足

図表 13-1 ＜想定される3つの反論に答える＞

①公共事業なんて、ムダな支出なんじゃないの？

②日本の財政赤字は世界一。財政破綻するのでは？

③人口が減るのに経済成長できるのか？

コラム

お金の流れについての補足

P28では、お金の流れやマネタリーベース、マネーサプライについて説明したが、書ききれなかったことがあるので、ここで紹介したい。

図表12-1には、①金融政策として買いオペ、②財政政策として財政支出しか書かれていないが、既にインフレが加熱している場合は別の方法が必要となる。①金融政策では、日銀が国債を銀行などに売却し貨幣供給量を減らし金利を上げようとする売りオペ（売りオペレーション）、②財政政策では、政府が実体市場からお金を吸い上げる増税である。

図表12-2は、2018年10月までのデータであるが、同じ統計でその後の推移を見ると、図表13-2のとおりである。

マネタリーベースの増加率は漸減していたが、2020年の新型コロナの感染拡大に対して、景気を下支えしようと再び急増している。マネーサプライが増えた理由の一つは特別定額給付金による預金の増加と考えられる。また、国内銀行貸出金がそれまでより増えていることもマネーサプライ増加の理由と思われるが、これはコロナ下での資金繰り支援などのための貸出増と推定される。

図表12-2だけを見ると、そもそもマネタリーベースとマネーサプライには関係はないのではないかと思う人もいるかもしれない。しかし、図表12-3で80年代から90年代前半を見ると、両者の増大率に関係があるのがわかる。経済が成長しており、インフレのサイクルが回っていた時代には、金融緩和が銀行の貸出、マネーサプライと連動していたのである。逆に言えば、バブルが崩壊し企業が借金をしない時代になって、マネタリーベース、マネーサプライ、銀行貸出金という3つの指標は連動しなくなってしまったのだ。

図表 13-2 ＜マネタリーベース、マネーサプライ、国内銀行貸出金の伸び率＞
(2013年3月＝100)

	2019年3月	2020年3月	2021年3月
マネタリーベース	365	375	453
マネーサプライ	121	125	137
国内銀行貸出金	118	121	128

（データ：日本銀行）

14

反論①「公共事業なんて、ムダな支出なんじゃないの?」

おそらく反論の中では、財政赤字、財政破綻への懸念が最も重要と思われるが、まずは「そもそも公共事業はムダな支出なのではないか」という反論や疑問に答えよう。

そもそも「ムダ」とは何を指すのか？ ひとことでムダと言っても、いくつかのレベルがあるように思われる。政府の支出は税金、すなわち国民の金であることは大前提として、いくつかのレベルごとに公共事業のムダについて検討していくことにする。

①私腹を肥やすのは問題外

どうしても我々の世代だと（今の若い人はどうかわからないが）、公共事業というと政治家や官僚と業者の癒着というネガティブなイメージがいまだに残っている。私腹を肥やすようなことは問題外だし、一層厳しく取り締まるべきであるが、この点についてはこれ以上触れない。

②支出は誰かの所得となり、経済にとってはプラスになる

誰かの支出は他の誰かの所得になることは、何度も述べてきた通りである。**経済学者ケインズは不況の原因は需要の不足にあるから、政府が公共事業という需要を作り出せばいいと提唱した。**公共事業の支出は誰かの所得になり、その誰かが支出をすれば、それはまた誰かの所得になるという連鎖が起こる。このように政府による支出の増加は何倍かのGDPの増加をもたらすことになり、その倍率は乗数と呼ばれる。ケインズは穴を掘ってまた埋めるような仕事でも需要が生まれればよいと言っていて、公共事業の中身は問題にしていない。この視点からすれば、どんな公共事業にもムダはないことになる。

③インフレ時はムダになりやすい

景気が良くてインフレが起きている時は、民間企業も活発に投資を行っている。政府が公共事業を行うということは、民間と資金を奪い合うので、金利が上昇する。こうして政府が企業を押し除けてしまうことを「クラウディングアウト」という。もちろん民間の事業を押しのけて行われた公共事業がすべてムダであるというわけではないが、投資効率が求められる民間の投資に比べれば、ムダになりやすいと言える。しかし、現在の日本に当てはまる話ではない。

④政策として効果を上げていない

ムダな公共事業というとよく例に挙がるのが、誰も使わない林道・農道とか自治体の人口に見合っていないハコモノ（公共施設）などだ。道路や建築物ができても、その後の経済波及効果がほとんどなかったり、維持費ばかりがかかったりということがある。公共事業は営利目的で行われるわけではないから、投資効率が厳密に問われるわけではないが、政策上の効果がなければムダと言わざるをえない。

⑤投資効率が悪い

企業の投資であれば、当然収益率によって投資するかどうかが、あるいは投資した成否が判断される。公共事業でも投資効率でムダかどうかを判断するのであれば、これが一番厳しい基準になる。もちろん公共事業の場合は、直接的な収支にとどまらない効果が期待されることが普通であるから、効率の数値だけで判断されることはないだろうが。

図表 14-1 ＜公共事業なんて、ムダな支出なんじゃないの？＞

①私腹を肥やすのは問題外

②支出は誰かの所得となり、経済にとってはプラスになる

③インフレ時はムダになりやすい

④政策として効果を上げていない

⑤一番厳しい基準として、投資効率

コラム

貯蓄投資バランスはなぜ成り立つか？

経済とは金の回り方である。右の②にも書いたように、誰かの支出は他の誰かの所得になる。また、誰かの借金は他の誰かの資産になる。この理解が経済の理解には非常に重要だ。P26で説明したように、国全体で誰が資金を貸しているか、誰が資金を借りているかを「貯蓄投資バランス」という。**家計、企業、政府、海外という4つの部門の貯蓄（黒字）と投資（赤字）をすべて足すと必ずゼロになる。**90年代後半以降の日本経済は、通常は借金をして投資をする主体である企業が黒字に転じたため、政府が財政支出によって赤字を増やしたことで、なんとか持ったのだ。

なぜ4つの部門の貯蓄・投資を足すとゼロになるのか？ ページがあちこちに飛んで申し訳ないが、P18のコラム「一番大事な『GDPの三面等価の原則』」の内容を踏まえて説明しよう。GDPの三面等価の原則とは、GDPは生産面から見ても、分配（所得）面から見ても、支出面から見ても一致するというものであった。

分配（所得）面からのGDPは、生み出された付加価値がさまざまな経済主体に分配されることを指すが、さらにその所得の行き先を考えると、次のような式が導かれる。

式①：GDP＝C（消費）＋S（貯蓄）＋T（税収）

所得は、消費されるか、貯蓄されるか、税金になるということだ。

また、支出面からのGDPは、次のように表すことができる。

式②：GDP＝C（消費）＋I（投資）＋G（財政支出）＋EX（輸出）－IM（輸入）

式①と式②の左辺はイコールだから、C（消費）は相殺されて、次の式が成り立つ。

（S－I）＋（T－G）＋（IM－EX）＝0

つまり、民間（家計・企業）の「貯蓄－投資」と政府の「税収－財政支出」と海外の「輸入－輸出」（海外から見れば日本の輸入が黒字で、輸出が赤字）の合計は、常にゼロになるのだ。

注：このコラムの記述は、会田卓司・榊原可人「日本経済の新しい見方」（きんざい）を参考にした。

15 低金利の今こそ、公共事業でインフラを整備するべき

　公共事業はムダなのか？　という疑問に対して、私腹を肥やすのは問題外としても、「財政支出は誰かの所得になるのだから、需要が不足している時はどのような支出でもムダにはならない」という最もゆるい考え方と、とは言え、「政策として効果を上げていなければムダであろう」という考え方を紹介した。さらに、最も厳しい考え方としては、「公共事業も投資効率を検討すべき」であると述べた。

　このように整理した上で、現在の日本における公共事業を考えた場合、出てくる結論は明快である。**低金利が続く今こそ、公共事業を行うのに有利な機会**であり、また今行わなければ我が国は大きな禍根を残すであろうということだ（図表15－1参照）。

a　需要が低迷し企業の貯蓄率が過剰な今こそ、政府が借り手となり財政支出をすべきという点は何度も主張している通りである。金利が低い水準にとどまっている、**国債（国の借金）の利回りが低いということは**、市場が利回りが低くても国債を積極的に買っている（国にお金を貸している）ということだから、**財政支出を歓迎する声を上げているのと同じ**ことだ。

b　しかも、企業の投資が不足しているのだから、経済が回復し金利が上昇し始めるまでは、民間を押し除けるクラウディングアウトを心配する必要もない。

c　**金利が低いということは、公共事業でも十分にそれを上回る投資効率を達成できる可能性が高い**ことになる。利率を超えるリターン（収益）が得られるのならば、財政赤字が増えることもない。

d　もちろん公共事業の場合は、純粋に経済的なリターンに加え、政策の効果、すなわち社会的なリターン（成果）を合わせて、その可否が問われるべきである。

e　公共事業において私腹を肥やすのは問題外であり、政治家や官僚の利害とは離れて、客観的に効率・効果の高い事業が選択されるべきことは言うまでもない。そのためには、専門性が高く、かつ政治的に中立な何らかの評価機関が必要となろう。

どのような公共事業を実施すべきか？

　現在の日本において、ワイズスペンディング（賢い支出）は何か？

　それは、今後の日本国民の安全・安心と経済成長を支えるインフラの整備である。

・**インフラの維持管理・更新**…国土交通省によれば、２０２２年度末には道路橋の約39％、トンネルの約27％、水門等の河川管理施設の約42％が、建設後50年以上を経過した老朽化施設となる。首都高も東京オリンピックのために１９６２年に整備されたから、ほぼ開通から60年が経とうとしている。まずは現在ある社会インフラを維持管理・更新することが必要である。

https://www.mlit.go.jp/sogoseisaku/maintenance/02research/02_01.html

・**防災・医療**…地震・水害・土砂災害が相次ぎ、また今後も起こることが確実であり、防災インフラの強化は日本経済の基盤として不可欠である。同様に、新型コロナのような感染が今後も定期的に流行すると予想され、国として医療への投資が求められる。

・**食糧自給率の向上**…日本の食糧自給率はカロリーベースで38％（２０１９年度）であり、先進国中最も低い。必要な食糧は輸入すればよいというのが従来の考え方であったが、安全保障の点からも経済成長の点からも、食と農

図表 15-1 ＜「ムダ」でない、日本のミライのためになる公共事業＞

前ページの「ムダ」の基準		現在の評価や採るべき施策
②支出は誰かの所得になる	→	a 企業の貯蓄過剰な今こそ支出を
③インフレ時はムダになりやすい	→	b クラウディングアウトは考えられない
⑤一番厳しい基準＝投資効率	→	c 低金利だから収支が取りやすい
④政策として効果を上げていない	→	d 政策効果を含めてリターンを評価
①私腹を肥やすのは問題外	→	e 効率・効果の高い事業の選択

図表 15-2 ＜どのような公共事業を実施すべきか＝ワイズスペンディング＞

＊インフラの維持管理・更新

＊防災・医療

＊食料自給率の向上

＊人材への投資（教育、研究開発）

に対する支出が必要である。

・人材への投資（教育、研究開発）…国の経済成長の基盤が人材であることは言うまでもない。例えば、近年のノーベル受賞者も過去の教育・研究開発力の水準の高さを示すものであり、論文数の低下傾向を見ても、今後の動向が危ぶまれている。教育や研究開発への投資は極めて重要である。

注：このページの記述は、リチャード・クー『追われる国』の経済学』（東洋経済）を参考にした。

16

反論②「日本の財政赤字は世界一。財政破綻するのでは？」

「これから、政府の財政支出（公共事業）を増やして、経済成長の良いサイクルを作ろう！」などと言ったら、かなり多くの人から財政赤字をどう考えるのか、財政破綻するのではないか、という反論が返ってくるだろう。

まず**日本の財政赤字が世界一**というのは事実である。新型コロナウイルスの感染拡大に伴い日本の財政事情は悪化の一途をたどる。国際通貨基金（ＩＭＦ）報告書によると、政府債務残高は２０２０年10月時点の**国内総生産（ＧＤＰ）比で266％と米国のほぼ2倍**に達する。主要7カ国（Ｇ7）で日本に次ぐ高さのイタリアでも161％で、日本の水準は先進国で突出した高さにある。

財務省によれば、政府債務残高は２０２０年度末で**過去最大の1216兆4634億円**だ。新型コロナウイルス対策で3度にわたり大型の補正予算を組んだことで、前年度末に比べ１０１兆９２３４億円増加しており、これも過去最大の増加である。国債、借入金、政府短期証券の合計である国の借金を単純に人口で割ると、**国民１人当たり987万円**となる。この数字を聞けば、誰でも頭を抱えたくなるだろう。

ひとこと付け加えておけば、財務省のウェブサイトのグラフもそうなっているように、**債務残高（財政赤字）は金額ではなく、ＧＤＰに対する比率で見るべき**である。ＧＤＰとはいわばその国の稼ぎだ。借金を返済するには稼ぎが必要だから、借金の程度も稼ぎに対してどのくらいなのかが大事になる。例えば、２００９年に債務危機が起きたギリシャの債務残高は約43兆円（３３００億ユーロ。１ユーロ１３０円で換算）に過ぎない。しかし、ギリシャの当時のＧＤＰは約25兆円（１９４０億ユーロ）だったのである。ＧＤＰ比は１７２％だから、今の日本よりマシではないか、それなのになぜ債務危機なのだという声が聞こえてきそうだが、その理由はあとで説明する。

なぜ財政赤字は財政破綻につながるのだろうか？

簡単に説明すると、財政赤字が悪化するとは国債（国の借金）の残高が増えることだが、国債が増えすぎれば返済することができなくなると考えられ、いつかその価格は暴落する（逆に金利は急騰する）。**物価が急激に上がる「ハイパーインフレ」になって財政は破綻**するということだ。

破綻を防ぐためには、財政赤字を減らす必要があり、そのためには増税しなければならない。今後の社会保障費のさらなる増大が見込まれる中、今財政再建に取り組まなければ、**将来の増税は不可避であり、「将来世代へのつけ回し」**となってしまう。財政を再建するためには、消費税は25％程度まで上げる必要がある、といったものが代表的な意見である。

２００３年3月19日の「日本経済新聞」朝刊で、東京大学教授6名を含む、日本を代表する経済学者9名が、「経済学者グループ緊急提言」を行った。政府部門の債務のＧＤＰ比率は既に１４０％であり、8年以内、つまり２０１１年までにその比率は２００％に達し、国家財政は破綻するという内容である。債務残高の対ＧＤＰ比率は提言の通り、２００％を超え、それから10年が経っているが、**日本は破綻していない。これはいったいどういうことなのだろうか？**　経済学とはいったいどういう学問なのだろうか？

図表 16-1 ＜主要先進国の債務残高（対 GDP 比）＞

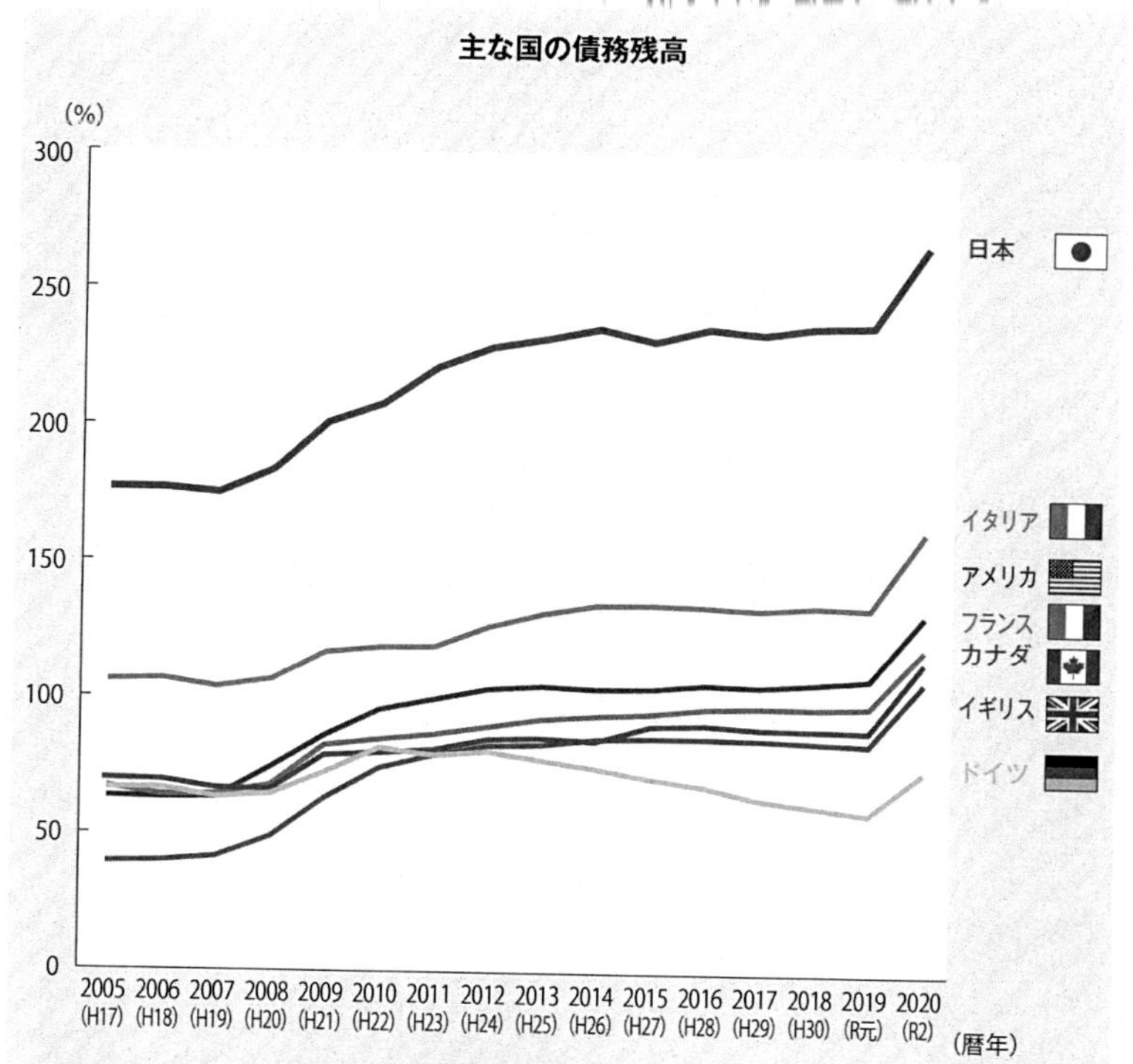

(出所) IMF "World Economic Outlook Database" (2020年10月)
(注1) 数値は一般政府（中央政府、地方政府、社会保障基金を合わせたもの）ベース。
(注2) 日本は2019年及び2020年、それ以外の国々は2020年が推計値。なお、2021年については、日本：264.0%、米国：133.6%、英国：111.5%、ドイツ：72.2%、フランス：118.6%、イタリア：158.3%、カナダ：115.0%と推計されているが、日本について令和2年度第3次補正後予算及び令和3年度政府案によって見込まれる債務残高の増加が反映されていないことに留意が必要。

出典：財務省 Web サイト

コラム

ドーマー条件とは？

P44で、債務残高のGDP（経済規模に対する）比率が発散しなければ（上昇し続けなければ）いいと説明するが、名目成長率が国債金利を上回っていれば、赤字を続けても債務残高GDP比率は一定に維持できる。これをドーマー条件と言うが、それについてここで説明しておこう。

基礎的財政収支（プライマリーバランス）とは、税収などの歳入（国債発行による収入は含まず）から、国債費（国債の利払い費と償還費）を除いた歳出を差し引いた収支である。仮に基礎的財政収支がゼロであるとする。新たに国債を発行せずに、国債費を除く歳出がまかなえることになる状態である。この場合、これまでに発行されて積み上がっている国債残高（国債残高のGDP比の分子）は、毎年国債の名目金利分だけ増加する。一方、GDP（国債残高のGDP比の分母）は、毎年名目成長分だけ増える。したがって、名目成長率（分母の増加率）が国債の名目金利（分子の増加率）よりも大きければ、基礎的財政収支がゼロの場合、国債残高のGDP比は年々低下していく。

　次に、基礎的財政赤字が一定で、増えも減りもしない場合を考える。この場合は、基礎的財政収支の赤字分は、国債発行でまかなわなければならない。しかし、基礎的財政収支の赤字が一定で、名目成長率がプラスであれば、基礎的財政収支の赤字のGDP比は分母のGDPが毎年増加するため、年々低下しやがてゼロとなる。つまり、基礎的財政収支が赤字でも、その赤字を一定に維持すれば、名目成長率が国債の名目金利より大きいというドーマー条件によって、国債残高のGDP比は年々低下し、発散しないのだ。つまり、ここでも名目成長率、経済成長が重要なのである。

注：このコラムの記述は、岩田規久男「『日本型格差社会』からの脱却」（光文社新書）による。

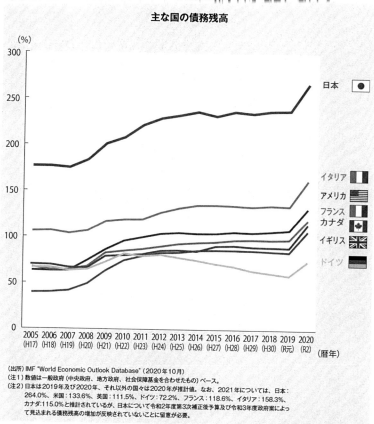

17 そもそも財政破綻とは？

まずよくわからないのが、「財政破綻」とは何を意味するのかということである。個人や企業で考えれば、借金を返せなくなることだろう。しかし、借金の返済で言えば、国と個人・企業では全く事情が異なる。政府と日本銀行を合わせて国と考えると（日本銀行は国が株式の55％を出資している「子会社」である）、**政府は自ら通貨が発行できるのだから、破綻することはないのである。**このことは財務省自身が認めていることだ。

財務省のウェブサイトには、「日・米など先進国の自国通貨建て国債のデフォルト（債務不履行、つまり借金が返せなくなること）は考えられない」と書かれている（2002年4月30日付「外国格付け会社意見書要旨」）。これは当時、日本の財政赤字が増える中で（債務残高の対GDP比は約150％だった）、外国の格付け会社が日本国債の格付け（格付けとは債券の安全性の程度を示す）を引き下げた時に、反論したものだ。同様に、アメリカやイギリスなど、自国通貨が発行できる政府は財政破綻に追い込まれることはない。

債務を返せずに破綻したり、破綻しないまでも危機に陥ったりした国は今までにあったではないか、と思った人がいるかもしれない。しかし、前ページで触れた2009年に債務危機に陥った**ギリシャは、ユーロ圏に加盟しているから、自国の通貨を発行できない。**ユーロが発行できるのは、ドイツにある欧州中央銀行（EBC）だけだ。したがって、ギリシャ政府が発行した国債は事実上外貨建てなのである。

2001年に財政破綻したアルゼンチンも同様である。国の借金（国債）はドル建てだった。当然アルゼンチン政府が外貨であるドルを発行できるわけがないから、ドルを返せずに破綻したのだ。さらに言えば、**財政破綻で国はおしまいというわけではない。**アルゼンチンはデフォルト直後に急激な経済回復を遂げているくらいだ。

このように過去の財政破綻・危機はいずれも、自国通貨を発行して債務を返済することができなかった事例なのである。

国の信用は長期金利で測る

通貨を発行すれば、必ず借金が返せるのなら、どういった状態が財政破綻なのだろうか？　それは誰もお金を貸してくれなくなる、**つまり国債を買ってくれなくなる**ということだ。国債が買われなくなる状態とは、国の信用がなくなった時である。それでは、国の信用は何で測られるのか？　それは長期金利の水準だ。

長期金利については、青木泰樹「経済学者はなぜ嘘をつくのか」（アスペクト）の説明がわかりやすい。信用のある人と信用のない人が借金をする場合、信用のない人がお金を借りるためには、信用のある人よりも高い金利を提示しなければならない。信用度については、個人も国家も同じだ。信用のない順に金利は上がっていくのであり、国の信用度は長期金利に反映される（図表17-1）。日本の長期金利を他の国と比較してみれば、長らく世界最低水準だ。これは**日本が世界でも最も信用ある国であることを示している。**つまり、日本が財政破綻するとは誰も思っていないということである。

コラム

MMTとは何か？

MMT（Modern Monetary Theory：現代貨幣理論）という経済理論が、2018年頃から日本でも話題になり始めた。主流派経済学の理論と異なる主張をいろいろして

図表 17-1 ＜日本の 10 年国債利回りの推移＞

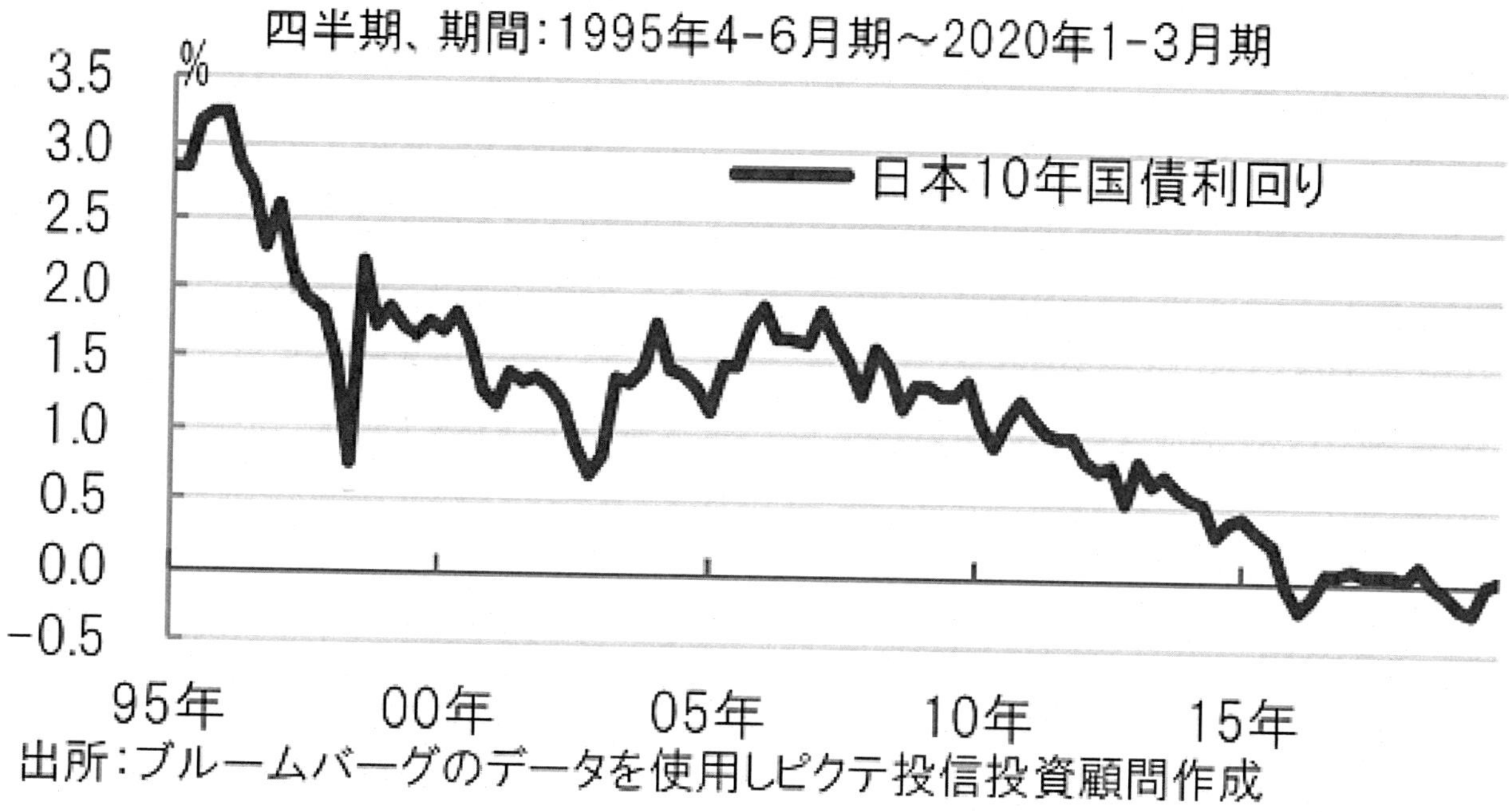

出所:ブルームバーグのデータを使用しピクテ投信投資顧問作成

出典：ピクテ投信投資顧問 Web サイト

いるため、トンデモ理論のように扱われることもある。しかし、実際に関連書籍を読んでみると、納得できる内容も多い。「いくら財政赤字になってもよいので、財政支出すべきだ」と主張しているという批判も見られたが、さすがにそんなことは言っていない。

最も基本的な政策的主張を要約すると、「不況であれば、完全雇用になるまで財政支出を行い、需要を拡大すべきだ。需要が供給を超えてインフレが加熱するならば、緊縮財政にすべきだ」となる。

もう一つの主張の柱は、「ＪＰＧ（就業保証プログラム）」である。完全雇用が達成されていないならば、政府が一定賃金での雇用を無制限に供給するという政策だ。景気が悪い時は失業者が増えるのでＪＰＧで雇う、景気が良い時は民間企業がＪＰＧより良い賃金を提示して、ＪＰＧから労働力を引き抜く。つまり景気が悪ければＪＰＧの賃金として財政支出がなされ、景気が良ければその支出が減ることで、景気を安定させることができる。ただし、景気が良くなったら減ってもいい仕事とはどういうものなのだろうか？　という疑問も湧く。

ＭＭＴについては、森永康平「ＭＭＴが日本を救う」（宝島社新書）が、日本経済の状況と合わせて、わかりやすく解説している。

18 家計と企業と政府の借金は全く異なる

財務省のウェブサイトでは、「日本の財政を家計に例えると、借金はいくら？」という動画が公開されている。

https://www.mof.go.jp/zaisei/

「平成27年度（2015年度）の一般会計予算を基にして、日本の財政を月々の家計に例えてみます。仮に、月収50万円の家計に例えると、月収は50万円ですが、ひと月の生活費として、80万円を使っていることになります。そこで、不足分の30万円を、借金で補い家計を成り立たせています。こうした借金が累積して、8400万円のローン残高を抱えていることになります。」

とんでもないことになっていると考える人は多いだろう。しかし、これは家計と企業と政府の借金は全く違うものであることを無視した乱暴な議論である。家計、企業、政府の順番でそれらの借金の違いを見ていくことにしよう。

まず**家計（個人）の借金**について考えてみる。個人には寿命があるから、一生のうちで返済することが前提である。また、収入の中から返済するしかないから、現在の収入や将来の収入見込みと照らし合わせて、無理のない返済計画を立てることが必要だ。返済ができない額の借金を抱えるのが望ましくないことは当然である。

しかし、**企業の借金**は家計の借金とは異なる。企業の場合も収益から借金を返済するのは家計と同じだが、**借金をすることで支出を増やし収益を増やすことができる。投資である。**過大な借金をすることは望ましくないが、さらに大きな収益を得るために大きな借金をするかどうかを判断する力は、優れた経営者に求められる資質の一つである。また、企業には借金を期限に返済するのではなく、借り換えるという方法もある。

政府の借金の場合は？

政府の借金は、家計よりは企業に近いと言えるだろう。政府も国債を発行し借金をすることで、財政支出を増やし税収を増やすことができる。これを図表18－1に表した。

① **政府は国債を発行し、財政支出を増やす。**
② **財政支出が需要を生み、国の経済（GDP）が成長する。**
③ **経済成長により、税収が増加する。**
④ **財政赤字（対GDP比）が減少する。**
① **必要に応じて、国債を発行し、財政支出を増やす。**

財政赤字を減らすためには、このような経済成長↓税収増による好循環を回す必要がある。最初は国債の発行により財政支出を増やすから、財政赤字は増加するだろうが、結果として財政赤字は減少するのである。

政府の収入と支出の差を「プライマリーバランス」（基礎的財政収支。詳しくはP39のコラム参照）と言うが、その対GDP比と前年の名目GDP成長率の推移を重ねたのが、図表18－2である。**プライマリーバランスが前年度の名目GDP成長率に依存している**ことがよくわかる。つまり、図表18－1のサイクルを回すことが財政赤字の縮小につながるのだ。逆に財政赤字を減らそうと、増税したり、財政支出を減らしたりすると、かえって財政赤字は増大してしまう。

政府の借金の特徴をもう一つ付け加えるならば、政府は個人とは異なり、事実上無限に続くことが前提だから、返済の期限はないということである。もちろん返済しなくてもよいという意味ではない。国債は満期がきたら償還（お金を支払うこと）しなければならないが、ロールオーバー（借り換え）すれば返さなくてもよい（日本には60年で返すという「60年償還ルール」があるが、これは諸外国には全くないルールだ）。

図表 18-1 ＜経済成長→税収増による好循環＞

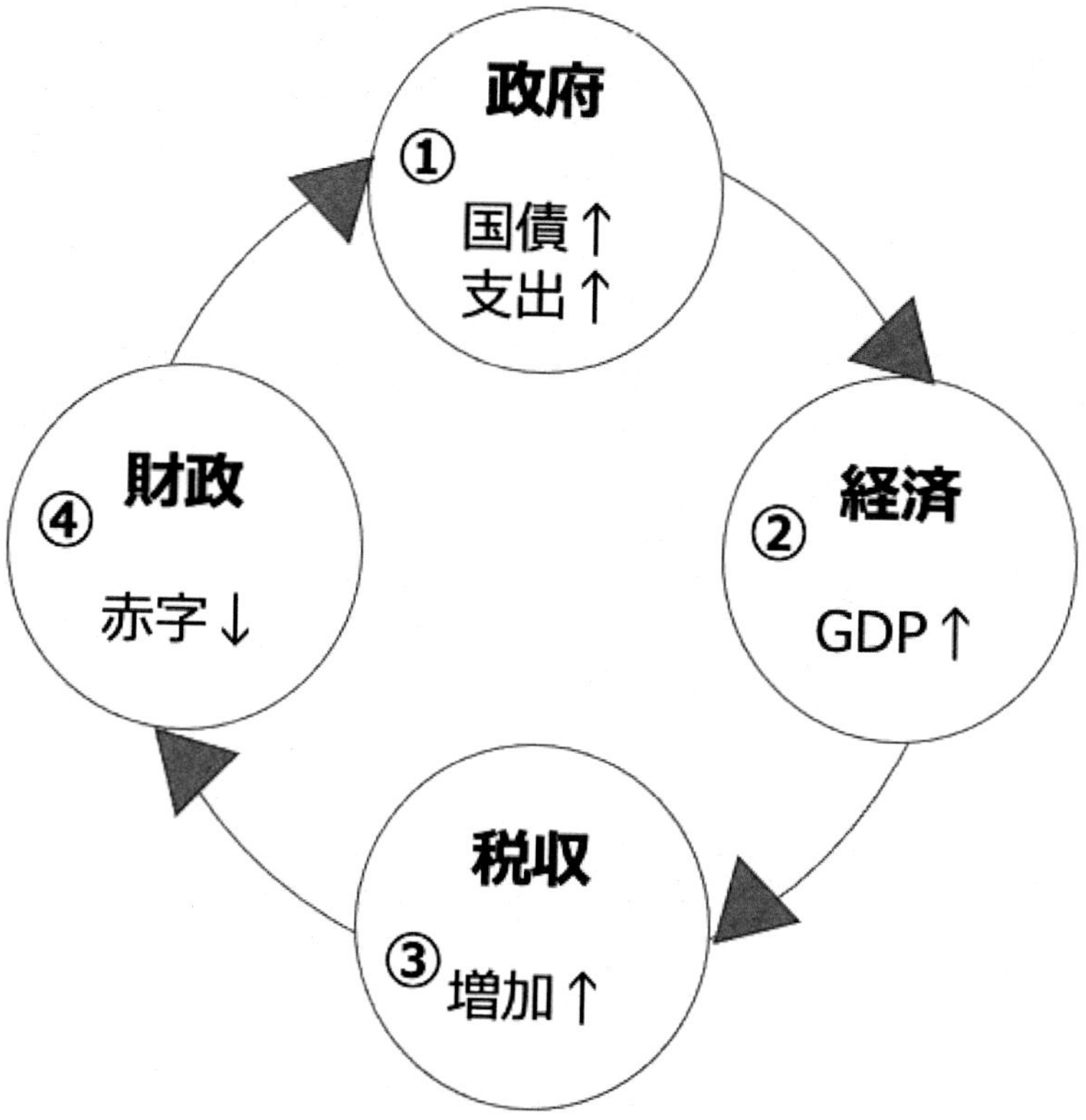

政府の財政赤字については、どうしても借金は悪いもの、借金は全部返さなくてはならないものという思い込みが正しい議論を邪魔している。最も重要なのは、誰かの借金は誰かの資産であるということだ。バブル崩壊以降、個別の企業が借金を返済し続けたことはもちろん正しい行動なのだが、多くの企業がそのように行動すると社会全体の所得は減り、経済は衰退してしまう。その時、政府が借金をして支出をしたから、日本経済がなんとか持ったことは、P26に触れた通りだ。

図表 18-2 ＜プライマリーバランス対 GDP 比と名目 GDP 成長率 (1 年前) の推移＞

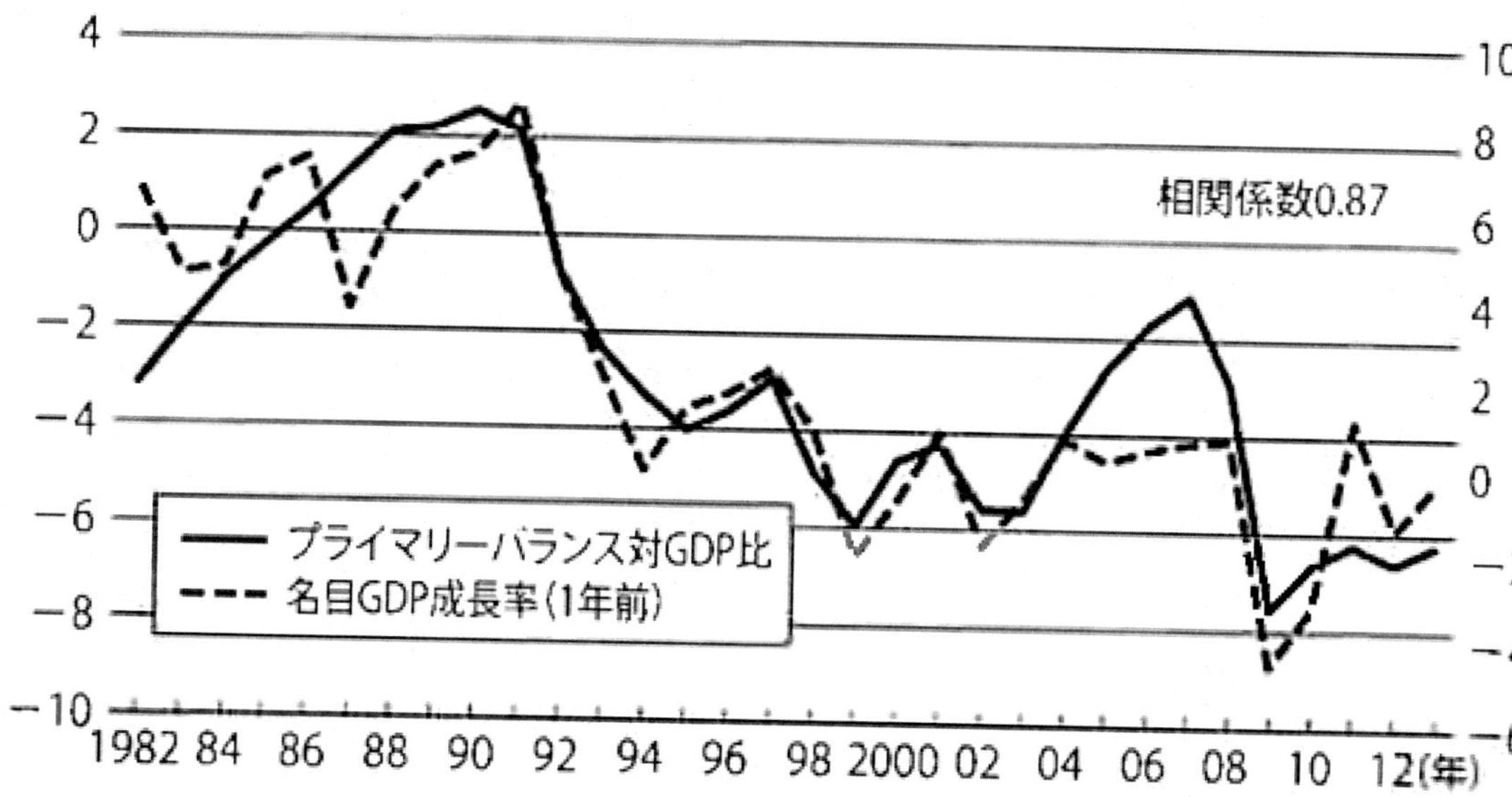

●グラフ中の相関係数とは、2 つの要素の間の関係の程度を指す。相関係数は 1 に近いほど正の相関が強く、-1 に近いほど負の相関が強く、0 は相関がない。ここで相関係数は 0.87 であり、2 つの要素にはかなり強い関係があることがわかる。

出典：高橋洋一「財政破綻の嘘を暴く」P59

19 国の借金は発散しなければいいのである

前のページで、政府は国債を発行、財政支出を増やし、支出が需要を生むことで、国の経済（ＧＤＰ）が成長し、税収が増加するという好循環を示した。つまり、**国の借金の総額は経済成長とともに増えていくのが普通**なのである。

図表19-1は、日米英3国の債務残高、つまり借金の累計額が17~19世紀の昔から今日まで、どのように推移してきたかを示している（100万倍に増えてもグラフに収まるよう、縦軸は対数目盛りである）。この100~300年に及ぶ各国の歴史を振り返ると明らかなことは、国の借金は経済規模とともに増加するという事実である。借金は生きている間に返さなければいけないという個人の常識は一度忘れなければならない。

したがって、前にも書いたが、**重要なのは債務残高ではなく、そのGDP（経済規模）に対する比率だ。そして、その比率が発散しなければ（上昇し続けなければ）いいのである。**元IMFチーフエコノミストであるオリビエ・ブランシャール等によれば、以下のように考えられる。一般的には、債務の発散を防ぐには現在のプライマリーバランスの赤字を将来の黒字で埋め合わさなければならない。黒字を捻出するには、増税か歳出抑制が必要になる。

しかし、2013年以降の日本のように、**名目成長率が国債金利を上回っていれば**（これをドーマー条件と言う。詳細はP39のコラム参照）、**赤字を続けても債務残高GDP比率は一定に維持できる**のである。「金利が上昇したらどうするのか？」という反論もよくあるが、その時は景気が良くなっているのであり、税収は増え、プライマリーバランスの収支は改善しているはずだ。

そもそも国債は税金で返さなければいけないというものではない。増税で返すのは方法の一つであり、借り換える、日銀が引き受けるという方法もある。図表19-2を参照してほしい（図12-1をベースにしている）。

①**増税**…個人が生涯の所得から返済するのと同じことである。

②**借り換える**…借換債を発行し借金を繰り延べる方法だ。政府は永続する存在だから、借金を先送りしてもかまわないのである。

③**日銀が引き受ける、または買い切る**…償還のための借換債を日銀が引き受ける、あるいは市場で買い切る。

どの方法を選ぶかは、景気がいいか、悪いかで決めればよい。景気がよくて、インフレが進行している場合は、①の増税が有効である。増税は需要を減らすから、加熱する景気を抑えることができる。図表で言えば、実体経済からお金を吸い取り、金融経済に返すことになる。したがって、増税をデフレ時に行うことは、景気に悪影響を及ぼす。②の借り換えは、借換債の発行で同額の国債を償還するのだから、金利が変わらなければ、借金額は変わらず、景気には中立的といえる。③の日銀引き受け（買い切り）は、景気が悪くて、デフレ傾向の場合に有効である。償還したマネーが金融経済に流れる

③日銀が引き受ける／買い切る

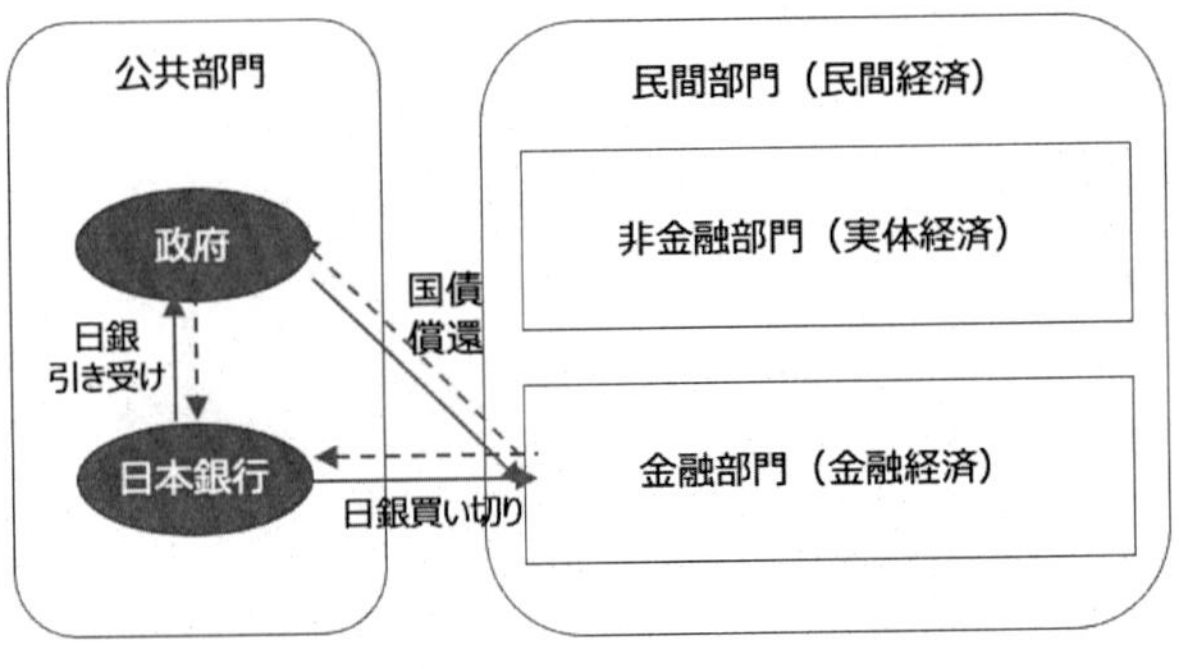

出典：青木泰樹「経済学者はなぜ嘘をつくのか」P241から作成

図表 19-1 ＜日本・アメリカ・イギリスの債務残高の推移＞

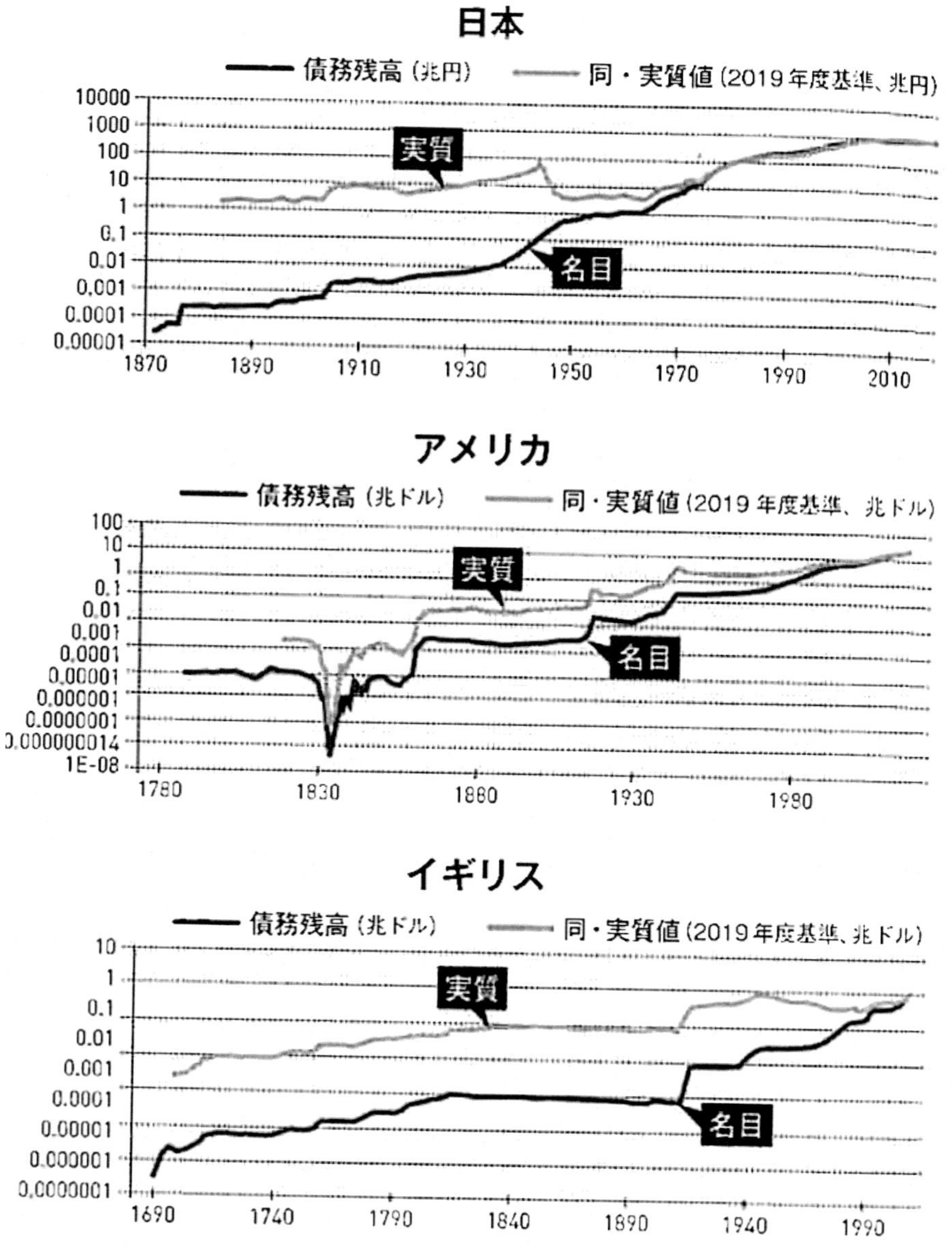

●実質値の算出はGDPデフレーターを使用。京都大学大学院藤井研究室博士課程、島倉原クレディ・セゾン主任研究員作成。　出典：田原総一朗・藤井聡「こうすれば絶対よくなる！日本経済」P77（データ:財務省、米国経済分析局、英国国家統計局など）

から、それが実体経済へ還流すれば、景気にプラスとなる。なお、国債の日銀引き受けは、政府の財政節度が失われると原則は禁止されているが、借換債については国会の議決により可能である。

注：このページの記述は、オリビエ・ブランシャール、田代毅「日本経済新聞」経済教室・2019年10月7日、青木泰樹「経済学者はなぜ嘘をつくのか」（アスペクト）を参考にした。

図表 19-2 ＜国債償還時の3つの資金調達経路＞

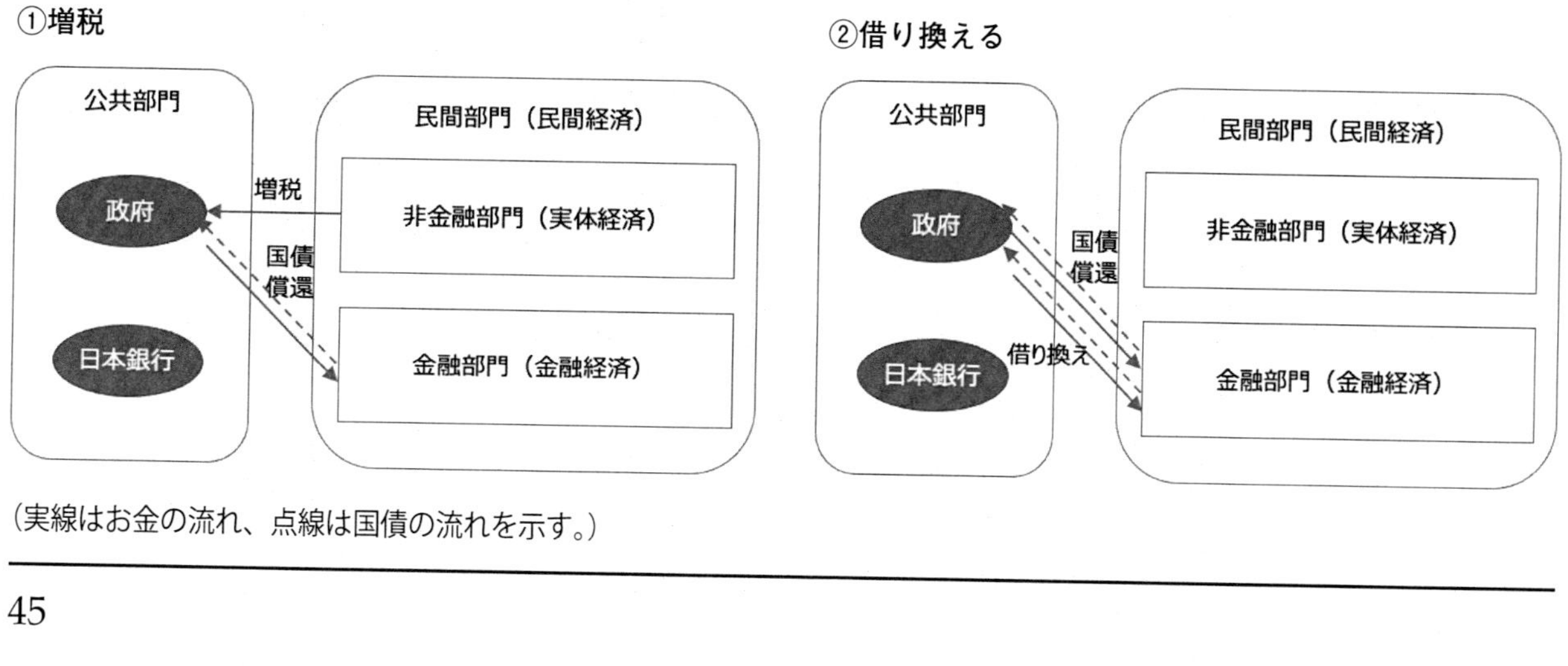

（実線はお金の流れ、点線は国債の流れを示す。）

20 消費税は景気にはマイナスに働く

財政の健全化のためには消費税を上げる必要があるという意見は根強い。２０１９年には消費税が８％から10％に上げられたが、社会保障費の今後のさらなる増加を考えると、欧州各国並みの25％まで上げなければならないとする論者もいる。この本では、国の借金は発散しなければよい、経済成長こそが財政の改善につながると主張してきたが、消費税についてはどう考えればよいのか、整理してみる。

まず明らかに言えることは、過去の**消費税の増税が消費を減らしてきた**という事実である。図表20－１は消費税と実質民間最終消費支出の推移を見たものだ（民間最終消費支出はＧＤＰの約6割を占める）。１９９７年の３％↓５％、２０１４年の５％↓８％の増税が消費を減らしたことが一目瞭然である。消費税増税後の消費の落ち込みは、増税前の駆け込み需要の反動だと言う人もいるが、グラフを見ればわかる通り、消費支出額は戻っておらず、マイナスの影響は明らかである。新型コロナ感染のために忘れてしまっている人も多いと思うが、２０１９年10月の８％↓10％の増税の結果、10～12月期のＧＤＰは年率換算で7.1％落ちている（もう一度言うが、コロナ以前ですよ）。

消費税が上がれば、消費支出が減ることなど、当たり前のように思えるが、**不思議なことに経済の専門家のほとんどはそれを認めてこなかった**。例えば、政府は２０１３年に60名の経済学者やエコノミスト等の有識者に、２０１４年の消費税の８％への増税について意見を聴取しているが、９割近い52名が賛成（条件付きを含む）、反対したのは6名だけであった。6名のうち、エコノミストは1名、経済学者は1名。残りの経済学者、エコノミストは全員消費税増税の景気への影響は軽微だとしたのである。しかし、２０１４年の実質成長率はマイナス0.44％であった。

消費税増税は財政悪化につながる

その悪循環を示したのが、図表20－２である。過去の消費税の増税は、財政を悪化させてきた。消費税増税は消費支出を減らし、景気を悪化させ、ＧＤＰを減少させたため、税収を減らし、かえって財政赤字を悪化させるのである。日本にとって**最悪の政治判断が１９９７年の消費税増税と緊縮財政**だった。

１９９７年４月に消費税が５％から８％に引き上げられた。さらに所得税・個人住民税の特別減税、社会保険料の引き上げが行われる一方で、財政支出は抑えられた。赤字国債の発行を抑制し、財政構造改革を達成することが目的である。結果はどうだったか？

図表20－３の上半分は政府の総税収の推移だが、１９９７年は一時的に税収が増加したものの、翌98年の税収は49.4兆円で、増税前年の96年の52.1兆円から2.7兆円も減少している。消費税増税が日本経済を停滞させた結果（それにアジア通貨危機も加わり）、法人税や所得税が減ってしまったためだ。その後デフレスパイラルにより、さらに税収は減っていくことになる。税収が減り、さらに不況になれば失業手当などの社会保障費用は増えるから、赤字国債を発行するしかなく、消費税増税以降、発行額は急増した（図表20－３の下半分）。財政再建を目指した緊縮財政の結果がこれである。

１９９７年という年は、日本のいろいろな経済指標（例えば、平均給与額、小売販売額など）がピークをつけ、その後減少していった年であり、日本衰退の起点である。この年に生産人口がピークとなったことから、人口減少を経済停滞の原因とする説もあったが（この点についてはあとで触れる）、真の原因は緊縮財政という失政である。

図表 20-1 ＜消費税と実質民間最終消費支出の推移＞

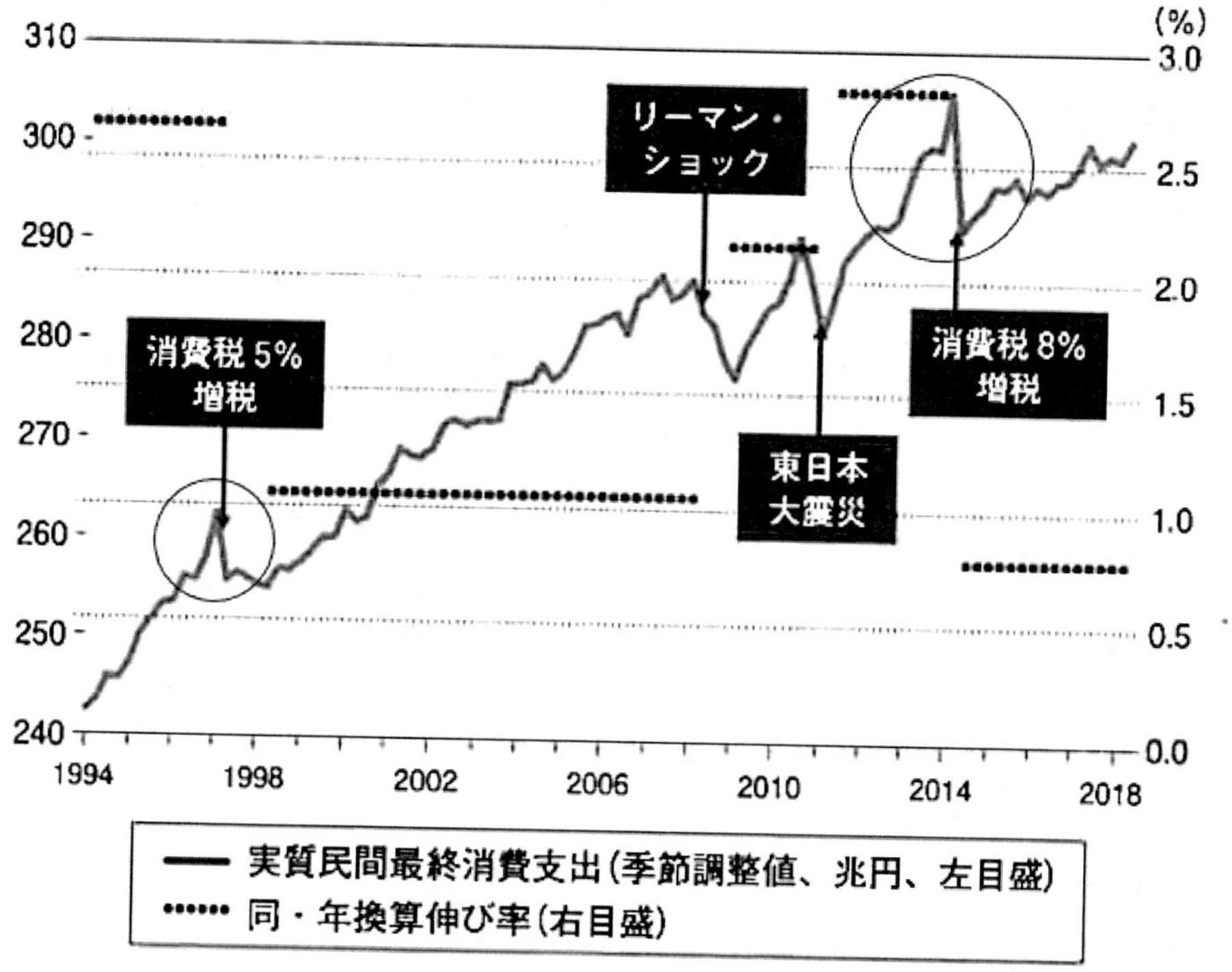

●年換算伸び率は、ショックによる落ち込みが底打ちした四半期から、次のショックが起きた直前の四半期までの実質民間最終消費支出の伸び率。消費税 5% の前は、1994 年 1-3 月期から増税直前の 1997 年 1- 3 月期までの伸び率。

出典：中野剛志「奇跡の経済教室 基礎知識編」P283（データ：内閣府統計）

もちろんバブル崩壊の日本経済に与えたダメージは甚大であったが、97年までは何とか持ち直そうとしていたのだ。

図表20－2の好循環のように、財政支出をして景気を良くすることの方が財政を良くするのである。**「財政赤字なくして財政再建なし」**である。

注：このページの記述は、藤井聡「プライマリー・バランス亡国論」（育鵬社）「『10％消費税』が日本経済を破壊する」（晶文社）を参考にした。

図表 20-2
＜消費税増税 (緊縮財政) による悪循環＞

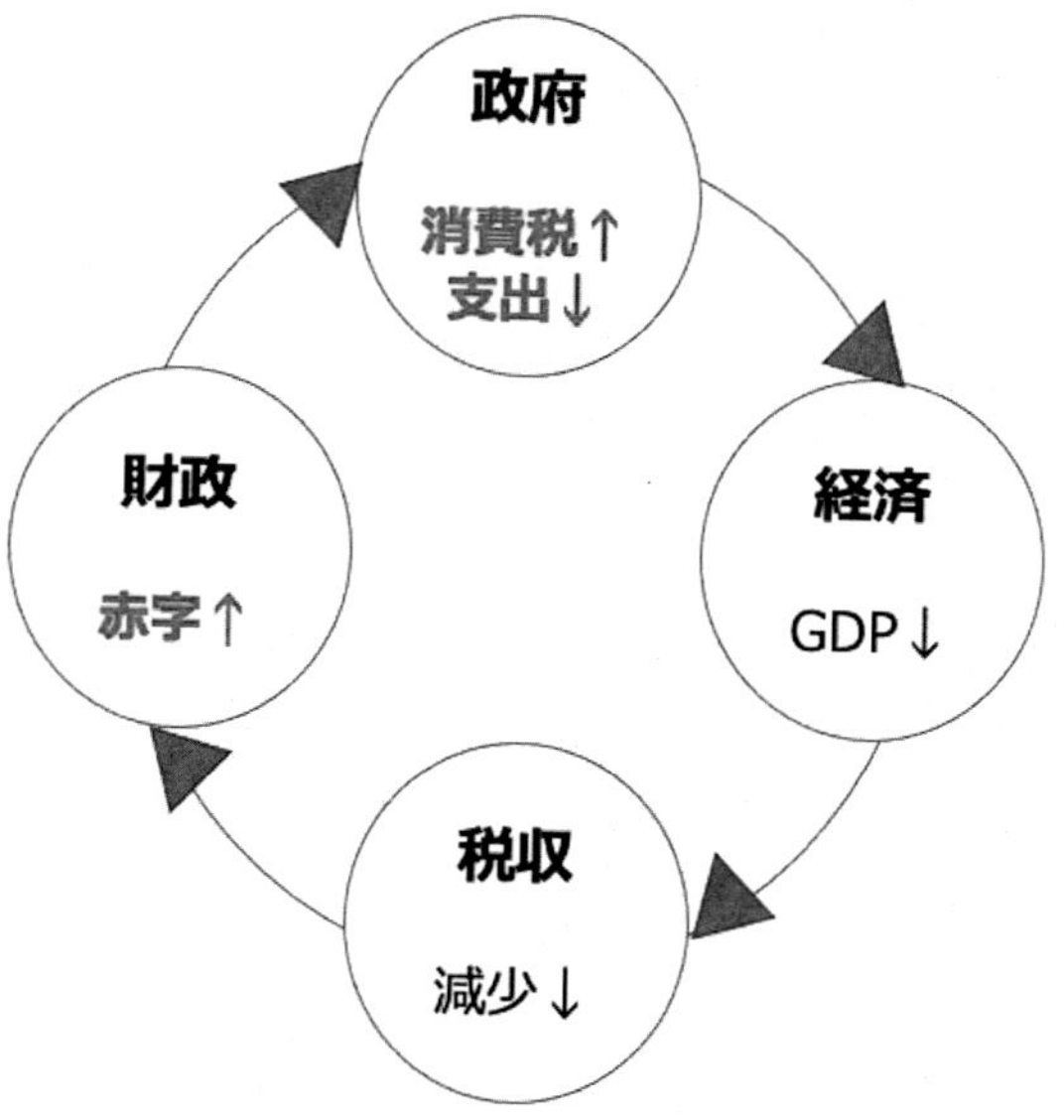

図表 20-3 ＜消費税増税の政府の総税収・
赤字国債発行総額への影響＞

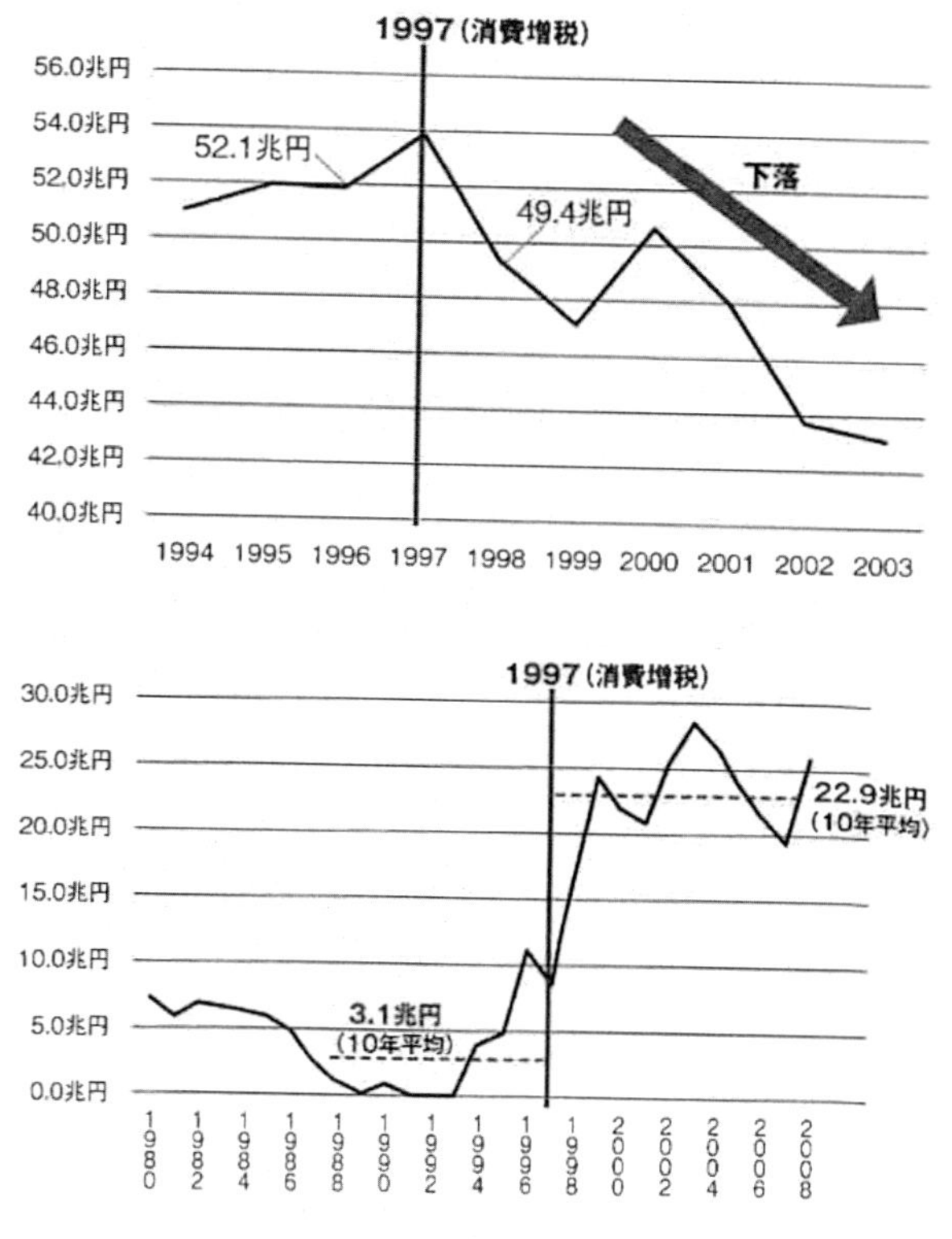

出典：藤井聡「『10% 消費税』が日本経済を破壊する」P56-57

21 消費税はどうすればいいのか?

消費税をどうするかは、景気がいいか、悪いかで決めればよいことである。

景気が過熱気味でインフレがひどくなりそうであれば、上げればいいし、景気が悪くてデフレ気味なら、下げればいい。その意味で2014年、2019年の消費税増税は時期を全く間違えていたと言わざるを得ない。新型コロナ感染のために、需要が落ち込み、GDPの急速な回復が求められる現在なら、消費税ゼロという選択肢も検討されるべきであろう。

一方、欧州の25%に比べれば、日本の消費税率はまだまだ低いのだから、もっと上げられるとする学者もいるが、これは消費者心理を全く理解していないと主張である。国にはそれぞれ歴史的な経緯があるのであって、日本国民は（少なくとも景気が悪い時に）2%、3%消費税が上がれば、家計を防衛するために消費を手控えるような意識を形成してきたのだ。「消費税を

上げたのは、みんなのためだから」と言って、自分は消費を減らさないようにする人など考えられない。

もう1点付け加えるならば、税金をのみ挙げておくこととする。

〈財政再建のための五つの方法〉 高橋洋一『財政破綻の嘘を暴く』（平凡社新書）より

1・デフレ脱却・名目経済成長…本書でも今まで述べてきた通りである。
2・不公平の是正・歳入庁創設…税率を上げる前に徴収漏れ（特に社会保険料）をなくす。マイナンバー制に期待。
3・常識的な歳出カット
4・資産売却（民営化を含む）・埋蔵金の発掘
5・増税…の前に、1〜4をやるべきという話である。

〈税収を確保する方策〉 森永卓郎「消費税は下げられる！」（角川新書）より

1・貯蓄に課税…貯蓄にも消費税と同じ税率をかければ、消費税の逆進性（低

も政治的な問題なので、本書では触れない。元財務省の高橋洋一、元経済企画庁の森永卓郎による代替案のリストのみ挙げておくこととする。

〈財政再建のための五つの方法〉 高橋洋一「財政破綻の嘘を暴く」（平凡社新書）より

所得層ほど収入に占める消費の比率が高いため、収入に対する税率が高くなる）の問題が防げる
2・金融資産全体に課税…貯蓄に課税するのではなく、貯蓄が積み上がった結果である金融資産に課税する。
3・法人税率を元に戻す…消費税が導入された1989年に50%だった実効税率は、2016年には30%を切った。
4・相続税を増税
5・タックスヘイブンに逃げ出した資金に課税…2015年末で日本のタックスヘイブンの資産額は世界一。
6・総合課税…金融所得などの分離課税をやめることで、富裕層優遇を防ぐ。

図表21−1は、1990年度と2018年度の総税収に占める税金の内訳を示している。結果的に、消費税の増加分（約18%）は法人税と所得税の減少分（法人税は約マイナス13%、所得税は約マイナス6%）を補ったにすぎないことは覚えておいた方が良いと思う。

消費税の代わりに上げるとしたら、どの税金を上げるべきか？ これは最

という議論がある。2018年度の税収は60.4兆円で、これはバブル期の1990年度の税収を超えて、過去最高となった（19年度以降は減少したので、現在でも最高額である）。この間に、消費税は2回増税となり、3%から8%に上がった。

図表 21-1 ＜総税収に対する消費税・所得税・法人税などの比率＞

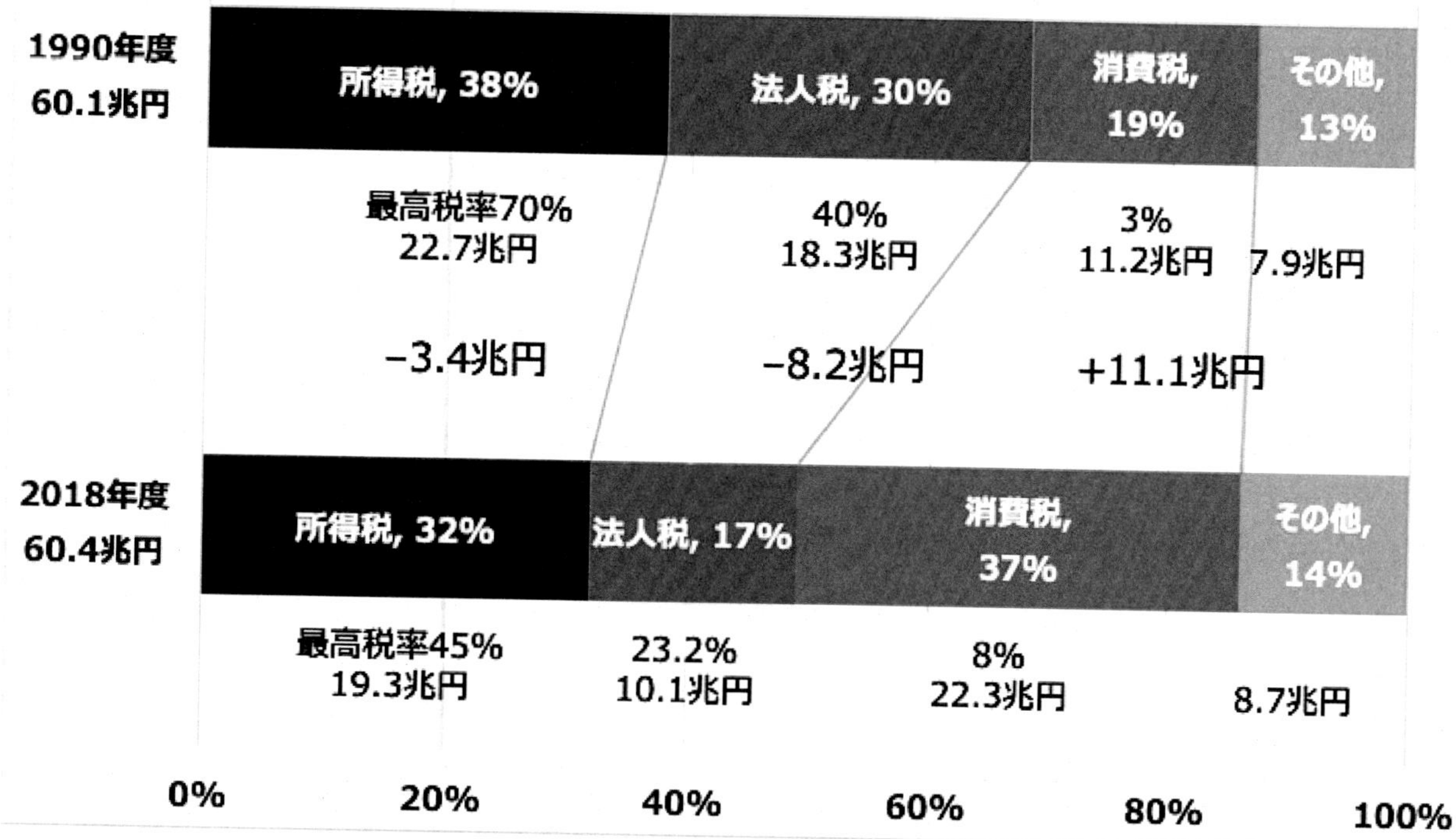

出典：財務省「税収に関する資料」から作成

反論③
「人口が減るのに経済成長できるのか?」

日本では人口が減っていくので経済成長は無理という「人口オーナス論」が半ば常識のようになっているが、それは本当なのか? 総人口の減少は需要の減少につながるという単純な議論もあるし、世帯数の減少がより重要という議論もある。また、人口オーナス論の根拠となっている生産年齢人口（15～64歳）に需要の中心として注目する論者がいる一方で、供給の制約としてそれを重視する論者もいる。

日本の総人口は2008年に1億2808万人でピークとなり、その後減少している。最新の国勢調査である2020年10月1日時点では1億2325万人である。国立社会保障・人口問題研究所の2017年の推計によれば、2030年の総人口は1億1092万人（中位仮定）で、大まかに言えば**毎年1％ずつ人口が減っていく**。

日本の総世帯数は単独世帯の増加などにより、しばらくは増加するが、2025年の5412万世帯をピークに減少する。一方、生産年齢人口のピークは1995年で、その後減少しており、日本経済のさまざまな指標がその頃から低下し始めたことが、人口オーナス論の中心となっているようだ。

もし人口の減少が経済成長の障害になるのであれば、我が国にはほとんど希望はないという結論になってしまう。しかし、**人口が減少している国の経済成長率が必ずマイナスになるという事実はない**。図表22-1は、2000年から2015年に人口が減少した18カ国（及び人口がほとんど増えなかった日本とドイツ）について、生産性か就業者人口を増やせばいいことになる。パーソル総合研究所は、2030年には、7073万人の労働需要に対し、6429万人の労働供給しか見込めず、**「644万人の人手不足」**

折れ線グラフ（左目盛）で名目GDPの増加率を表している。人口減少率、中央大学との共同研究で、2030人口の減少率、名目GDPの人口の減少率、棒グラフ（右目盛）で名目GDPの大きかった順に並べたが、GDPが減少している国はないし（日本だけ

人手不足の解決法

少し考えてみればわかることだが、人口が減少しても、1人当たりのGDPが増加すれば、全体のGDPが上がることはいくらでもありうるのだ。それを式にすると、

GDP＝就業者1人当たりGDP（生産性）× 就業者人口

就業者1人当たりGDPのことを「生産性」という（国民1人当たりGDPを指すこともある）。

したがって、GDPを上げるには、生産性か就業者人口を増やせばいい

などにより、しばらくは増加するが、2025年の5412万世帯をピークに減少する。一方、生産年齢人口をピークに減少する一方、生産年齢人口との間に何か関係性を見出せるだろうか?

は減少していた!）、GDPの成長率実質賃金（時給）は2017年の1835円から2096円に上がると推計している（図表22-2）。

となると推計している（図表22-2）。実質賃金（時給）は2017年の1835円から2096円に上がるとされる。

https://rc.persol-group.co.jp/thinktank/research/activity/spe/roudou2030/

パーソル総合研究所は、2030年の人手不足数644万人を解決する対策として、4つを挙げている。

① 働く女性を増やす…25～29歳時の労働力率（2017年は88％）が49歳まで維持されると、働く女性は102万人増える。

② 働くシニアを増やす…64歳男性の労働力率（同81％）が69歳まで維持され、60代女性の70％が働くようになると（同60～64歳が63％、65～69歳が41％）、働くシニアは163万人増える。

③ 働く外国人を増やす…政府が進める新たな在留資格創設により、日

図表 22-1 ＜人口減少国の名目GDP成長率 (2000年 2016年)＞

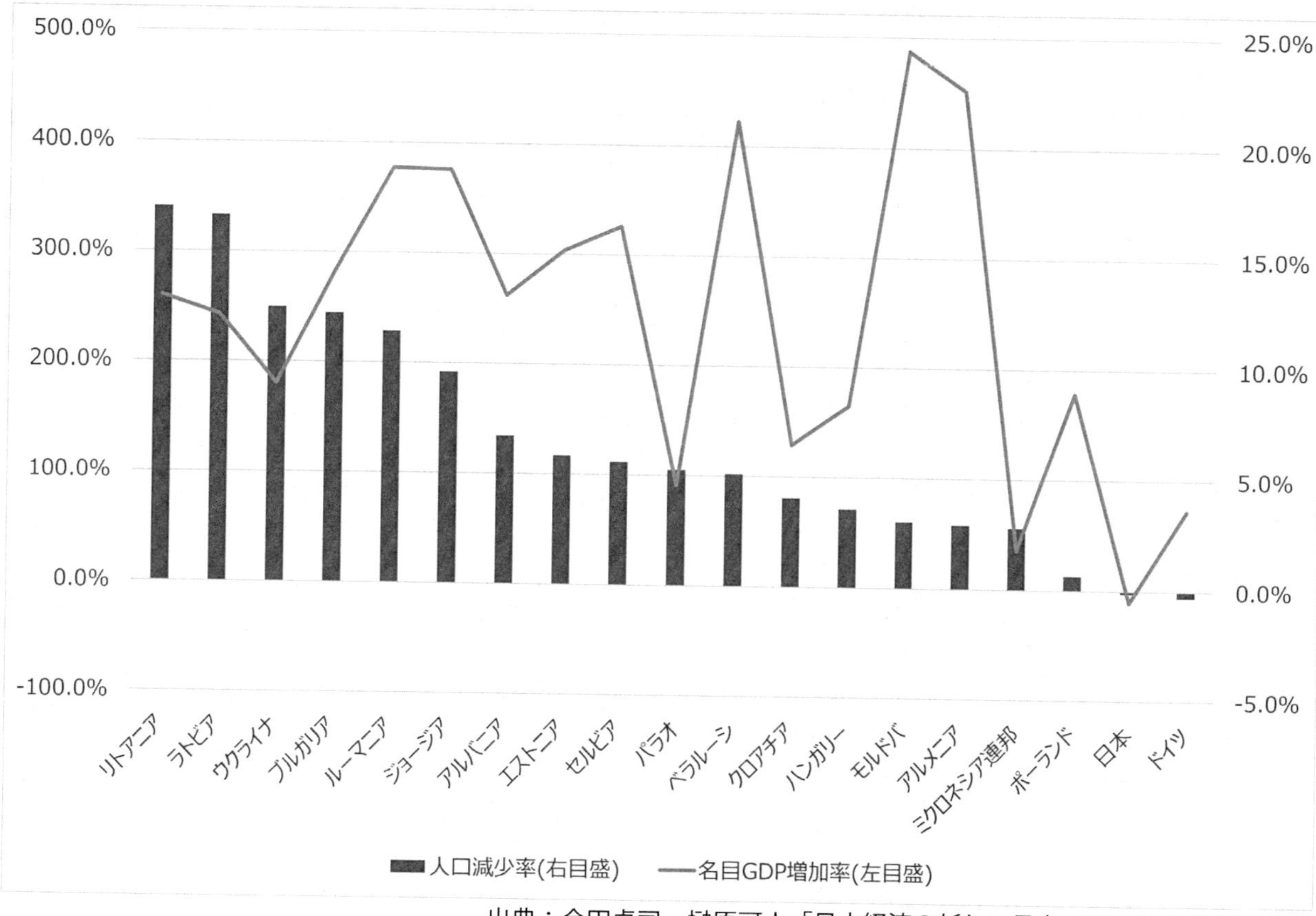

出典：会田卓司・榊原可人「日本経済の新しい見方」P72-73 を参考に作成

図表 22-2
＜644万人の人手不足を埋める4つの方向性＞

●推計の前提は、政府が2018年1月に発表した「中長期の経済財政に関する試算」と国立社会保障・人口問題研究所が発表した「日本の将来推計人口（2017）」
出典：パーソル総合研究所「労働市場の未来推計 2030」(2019)

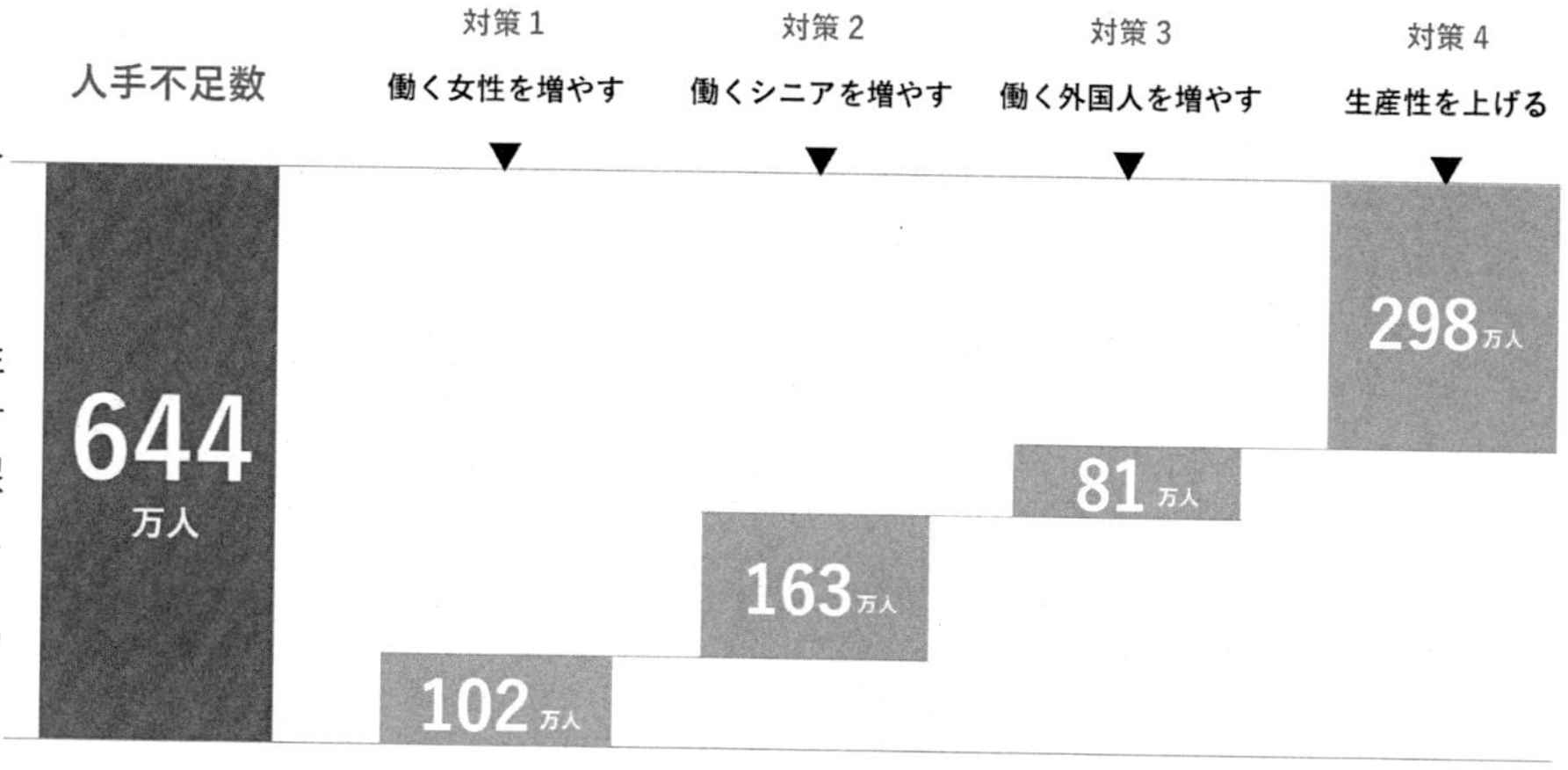

本で働く外国人は81万人増える（同128万人）

④生産性を上げる…①〜③で346万人の人手不足を解消できる。残る298万人分を解消するには、生産性向上によって労働需要を減らすしかない。

以上はあくまでもパーソル総合研究所による試算と提案であるが、298万人分の労働需要を減らすには**最低4％の生産性を向上**する必要があるとされている。

23 生産性を上げる4つの方法

日本のＧＤＰを上げるには、就業者人口を増やすか、生産性を上げればよい。前のページで見たように、女性、シニア、移民の活用で、ある程度就業者人口はカバーできるだろう。ひとこと付け加えておくと、それで平均賃金を引き下げてしまっては、経済成長にマイナスになるので、最低賃金の向上などが必要となるが。

もう一つの方法が生産性の向上であるが、生産性という言葉に悪いイメージを持つ人も多いようだ。労働強化とか、人を効率で測るみたいなイメージがあるのだろう。しかし、**生産性向上とは、「より少ない時間で、より多くの富を生み出す」**ということである。

20世紀前半に生きた経済学者ケインズは、２０３０年には生産性が向上して、1日3時間働いて暮らせる社会になるだろうと言っていた。そうはなりそうもないが…。

生産性＝アウトプット÷インプット

である。生産性は、どれだけの労働人口あるいは労働時間（＝インプット）を投入すると、どれだけの生産個数や売上高や付加価値（＝アウトプット）が生み出されるかで測られる。つまり、**より少ないインプットで、より多いアウトプットを生み出せば、生産性は高くなる。**

生産性はミクロ（例えば1つの会社）で考えれば、わかりやすい。従業員数を増やさずに（労働時間も増やさずに）、生産個数が2倍になれば、生産性は2倍になったことになる。あるいは、従業員の半分を解雇して（労働時間は増やさずに）、生産個数が変わらなければ、これも生産性は2倍になっている。

ところが、マクロ（日本全体）で生産性を考えるのは、それほどわかりやすいことではない。どの会社も従業員数を増やさずに生産個数を2倍にしたとしたら、商品が市場でダブついて、売れなかったり、価格を下げたりしなければならないかもしれない。どの会社も従業員を解雇したら、失業率が上がり、消費は落ち込むだろう。つまり、**どうしたらマクロの生産性が上がるかは、そう簡単にはわからない**のである。とりわけデフレの時は、販売個数を増やしたり価格を上げたりしてアウトプットを大きくすることは難しい。

そこで、労働や投資といったインプットを減らして生産性を上げようとすると、それは需要を減らし、アウトプットの減少につながってしまうのだ。

生産性向上に寄与する要因は4つ

① **労働生産性の向上**…教育による人的資本の質の向上によって生産性が上がる

② **資本生産性の向上**…投資による資本（機械など）の蓄積によって生産性が上がる

③ **全要素生産性（技術）の向上**…研究開発による技術の進歩によって生産性が上がる

④ **生産部門間の資源の再配分**…低生産性部門から高生産性部門へ資源が再配分されることで、生産性が上がる

さて、日本の生産性はどうなっているのか？ 日本生産性本部は各国の国民1人当たりＧＤＰの順位を発表している（図表23－1）。

https://www.jpc-net.jp/research/assets/pdf/report_2020.pdf

日本は90年代前半にはベスト10に入っており、比較的高い順位であった。特に１９９６年は6位で、これは先進7カ国では3位のアメリカに次ぐ順位である。しかし、１９９７年より下落し始め、今世紀に入ってからは低迷、２０１９年は4万３２７９ドル（４３９万円）、ＯＥＣＤ加盟37カ国中21位で、先進7カ国では最下位となった。日本の1人当たりＧＤ

Pは2015~2018年で7%上昇しているが、これはOECD平均の10%を下回っている。また、就業者1人当たりGDPは8万1183ドル（824万円）で、これは37カ国中26位とさらに順位は下がる。米国（13万6051ドル/1381万円）と比較すると、6割程度の水準である。2015~2019年平均の上昇率はマイナス0.3%で37カ国中35位だ。この間就業者は5%増えているから、人口減少の中で就業率は上がっているが、それはむしろ生産性を下げていることになる。

生産性については、製造業/サービス業の違い、業種別、企業規模別など、さまざまな視点があるし、そもそも生産性を上げるにはどうしたらいいか、定説があるわけでもない。しかし、前に挙げた生産性向上の要因から考えれば　大きく次の4つは言えるだろう。

① みんなが能力を十分に発揮できる仕組みを作る=労働生産性の視点

② 投資を増やす=資本生産性の視点

③ イノベーションを起こす=全要素生産性（技術）の視点

④ 成長分野を見つける=資源再配分の視点

もう一つ忘れてならないのは、**デフレの状況下ではアウトプットが増えないから生産性の向上は困難**という事実である。生産性向上のためには、アウトプット、すなわち需要を増やしていく必要があるのだ。20年以上にわたり、日本の生産性の順位が下がってきた理由も、需要不足でアウトプットが増えない、つまり全体のGDPが伸びないことによる部分が大きいと思われる。

注：このページの記述は、会田卓司・榊原可人「日本経済の新しい見方」（きんざい）、岩田規久男『日本型格差社会』からの脱却」（光文社新書）を参考にした。

図表 23-1　＜主要先進7カ国の国民1人当たりGDPの順位の変遷＞

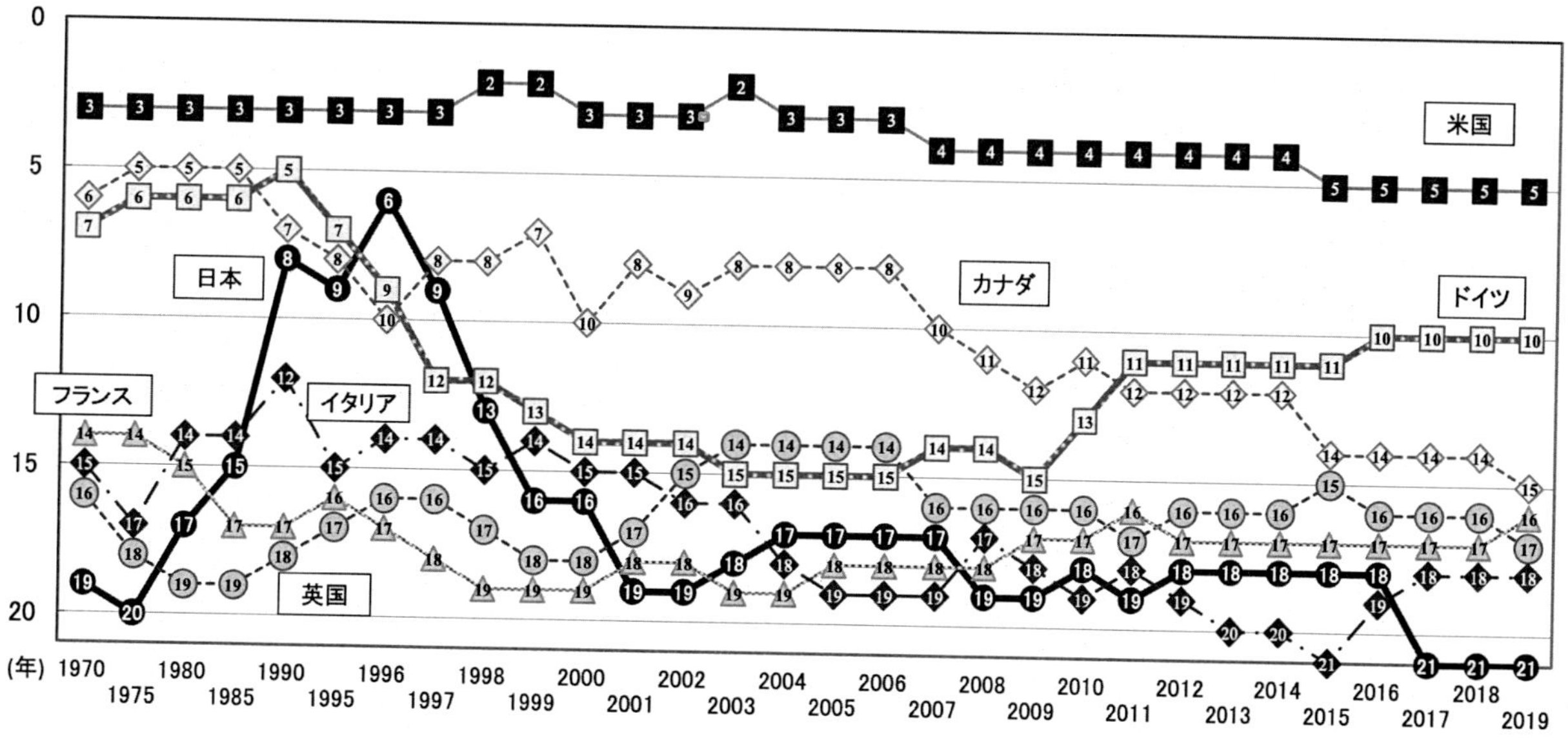

出典：日本生産性本部「労働生産性の国際比較」2020

[Part 4：参考文献]

著 者	書 名	出 版 社	発 行 年
井上智洋	ヘリコプターマネー	日本経済新聞出版社	2016
井上智洋	MMT 現代貨幣理論とは何か	講談社	2019
寺島実郎	「寺島実郎の時代認識」資料集	寺島文庫	2021
中藤玲	安いニッポン－「価格」が示す停滞	日経 BP	2021
野口旭、田中秀臣	構造改革論の誤解	東洋経済新報社	2001
濱口桂一郎	新しい労働社会	岩波書店	2009
早川英男	金融政策の「誤解」	慶應義塾大学出版会	2016
松元崇	「持たざる国」からの脱却	中央公論新社	2016
松元崇	日本経済 低成長からの脱却	NTT出版	2019
山田久	賃上げ立国論	日本経済新聞出版社	2020
山家悠紀夫	日本経済 30 年史	岩波書店	2019

【Part 4】

先達の資産を食いつぶすのか？新しい成長の種をまくのか？

24

「こうすれば日本経済は成長する」という物語を創ろう！

ここでもう一度、今まで（平成）の日本経済の悪いサイクル（デフレスパイラル）と、これから（令和）のあるべき日本経済の良いサイクルを対比して説明しておこう（図表24－1）。

今まで（平成）の日本経済の悪いサイクル

平成の消費者は給料は上がらないし、会社の先行きや老後の社会保障やら将来が不安だから、消費をしないで貯蓄をする。企業はモノが売れない、値段を上げて売上を増やすこともできないし、国内では儲からないと考えて、**借金をして投資しようとしない。**特に過去から現在の需要の不足・低迷が、企業の長期見通しをネガティブなものにしている。また、企業の収益がなかなか上がらない中で、**従業員の給与を下げて利益を出そうとする。**その結果、企業は利益を上げるが、消費者の所得は増えないから、ますます消費をしなくなる。この過程で、企業はモノの値段を下げないと売れない、消費者は安くないと買わないために、全体の**物価は下がっていく。**この悪循環がデフレスパイラルである。

これから（令和）の日本経済の良いサイクル

経済成長とは適度なインフレのサイクルを回すことだと、前に説明した。企業は借金をし、国内で設備投資や研究開発投資を行い、収益・利益を増やす。**儲かるから従業員の給与を上げると、所得の上がった消費者は積極的に消費を増やし、これを見た企業はさらに投資をする。**この過程で、物価は少しずつ上がっていく。消費者は気に入ったモノならば多少高くても買ってくれるし、これを見た企業は価格を高く設定することもできる。

この弾み車を回すために必要なのが、政府の力である。具体的に言えば、**さらなる財政支出**である。**新型コロナによる損失への補償、インフラへの投資などを通じて、不足する需要を補い、人々の不安を解消しなければならない。**

日本の将来に悲観的だから、企業は投資をしないし、消費者も消費をしない。現在はコロナ禍で、楽観的に考えろと言っても難しいかもしれない。しかし、いずれ世の中も日常を取り戻すだろう。その時に、**「こうすれば日本経済は成長する」という物語を創り出す必要**がある。「こんな社会にしたい」「こんな日本に生きたい」と日本に住むみんなが共有できるストーリーだ。

高度成長期の日本には、みんなが共有する物語があった。もちろん今から高度成長のような物語を創ることはできない。しかし、「人口が減少する日本は成長することはできない」といった誤った物語は転換しなければならない。人々がその物語の意味を共有し、気持ちに共感すれば、行動が喚起されるのである。

財政赤字を「解消」するために、財政支出を抑制し、消費税を増税するといった、平成をデフレスパイラルに陥れた緊縮財政の愚を繰り返さないことが肝要だ。政府の借金を増やし、将来の増税をもたらすことは、「将来へのつけ回し」であると主張する人たちに言いたい。**本当の「将来へのつけ回し」は財政赤字などではなく、十分な投資や消費をしないことがもたらす国の衰退である。**我々の世代は将来の世代に、貧しく、格差のひどい、閉塞した日本を遺すつもりなのか。

「日本はもう力がないから先人が積み上げた資産を食い潰していこうと考えるか、イノベーションを起こす力はまだあるから**国民所得増加の種をまいて投資を行っていこう**と考えるか」、どちらを選択するかという問題である。（「週刊東洋経済」2019.6.1の会田卓司の発言）

図表 24-1 ＜今まで（平成）とこれから（令和）の日本経済のサイクル＞

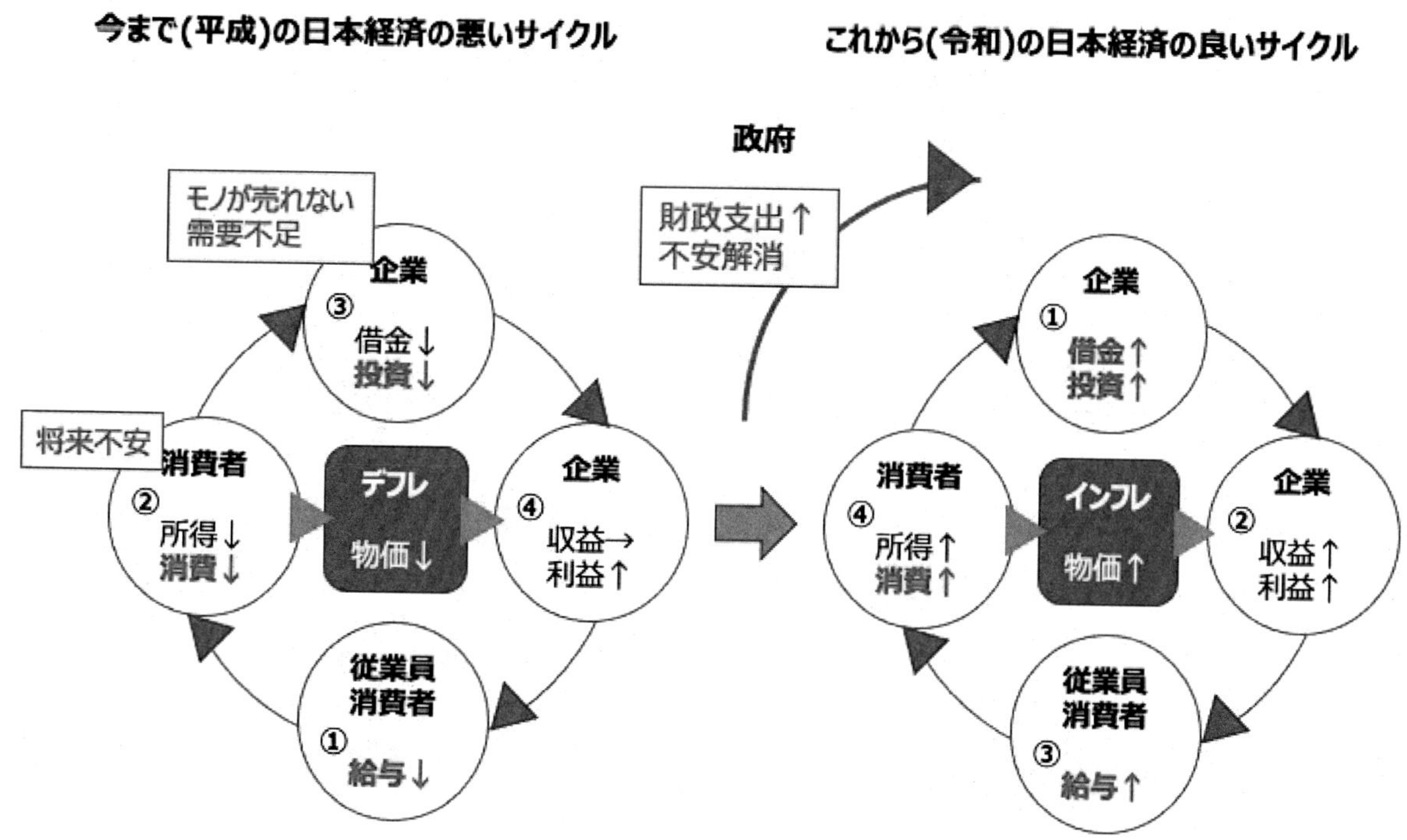

コラム

有識者の「良識」って何だろう？

筆者の偏見はあるかもしれないが、世の中の評論家であったり、学者であったり、いわゆる有識者の経済に対する見解というのは、次のようなものが多い気がする。

日本は人口が減少し少子高齢化が進み、将来不安もある中で、需要が伸びず、長期停滞の状況だ。一方、財政赤字は世界一であり、今のままでは財政破綻の危険性もありうる。したがって、消費税の増税は不可避であり、そうしなければ将来の世代にツケを回すことになりかねない。社会保障費が確実に増大していく中で、不要な支出を減らすことも必要である。また、長期停滞からの脱却のためには、構造改革が求められるのは言うまでもない。

で、この有識者は日本経済の未来をどのように展望しているのだろうか？ どのような処方箋を提示するのだろうか？ 本人は処方箋を提示しているつもりかもしれないが、少なくとも私には全く納得できない。なぜなら、ここに書かれていることを同時に実施することは不可能だからだ。結局世の中の経済の「常識」に寄りかかって、もっともらしいことを言っているだけではないか？ 少し発言が過激にとられたかもしれないが、正直私はこうした有識者の「良識」に腹を立てている。もう少し真剣に日本の将来について考えてほしいものである。

25 日本人は悲観的すぎないか?

私が近年ひどくショックを受けた調査結果がある。日本財団が2019年9月から10月にかけて世界9カ国で行った「18歳意識調査」の結果だ。日本とアメリカ、イギリス、ドイツ、中国、韓国、インド、インドネシア、ベトナムの17〜19歳各1000人を対象に国や社会に対する意識を聞いている。

その中に、**「自分の国の将来についてどう思っていますか?」**という質問がある。「良くなる」「悪くなる」「変わらない」「どうなるか分からない」の4つから1つを選ぶ形式だ（図表25-1）。

最も国の将来を明るく見ているのは**中国で、何と96%の若者が「良くなる」と答えている。**「悪くなる」と回答した人は0.1%しかいない。1000人中1人である。以下、「良くなる」の多い順に、インド、ベトナム、インドネシアと続く。先進国の数字は相対的に低い。アメリカは「良くなる」が30%、「悪くなる」も30%、イギリスはそれぞれ25%、43%、ドイツは21%、36%となっている。

日本の若者で「日本の将来が良くなる」と回答した人はわずか9.6%、「悪くなる」と回答した人は38%である。私たちは将来の世代にこんな希望の持てない国を遺そうとしているのか? 何かやることがあるのではないか?

ところが、日本の将来に悲観的なのは若者だけではない。私は全く同じ質問を上の世代にもしてみた。25〜54歳の男女2523人が対象である。以下に17〜19歳の結果と並べて紹介する。

	25〜54歳	17〜19歳
良くなる	8.3%	9.6%
悪くなる	47.4%	37.9%
変わらない	19.9%	20.5%
どうなるか分からない	24.5%	32.0%

「日本の将来が良くなる」は8%と1割に満たず、「悪くなる」は10%多い47%だった（下流社会15年後研究会「現代日本人の意識価値観調査」2020年）。

消費者だけではない。企業のCEO（最高経営責任者）も悲観的だ。図表25-2の調査は、世界的なコンサルティング・グループであるPwCグローバルが世界のCEOを対象に毎年行っているものである。第23回の調査は、2019年9月から10月に83カ国1581人のCEOに対して行われた（日本企業のCEOは139人）。

調査では、「今後12カ月の自社の成長見通し」について聞いているが、**「非常に自信がある」と回答した日本のCEOはわずか11%**で、世界全体の27%を大きく下回っている。過去8年を見ても日本の数値が世界全体を上回ったことは一度もない。日本の経済成長率が世界のそれを下回ってきた中で、妥当な自己評価と言えないこともないが、日本のCEOは世界で最も悲観的なのである（なお最新結果では、前年を8%下回っているが、調査時期はコロナ禍の前であり、その影響を受けたわけではない。）。

これでは、日本人総崩れである。しかし、それにしても日本人は悲観的すぎないか?

図表 25-1 ＜18歳意識調査「自分の国の将来についてどう思っていますか？」＞

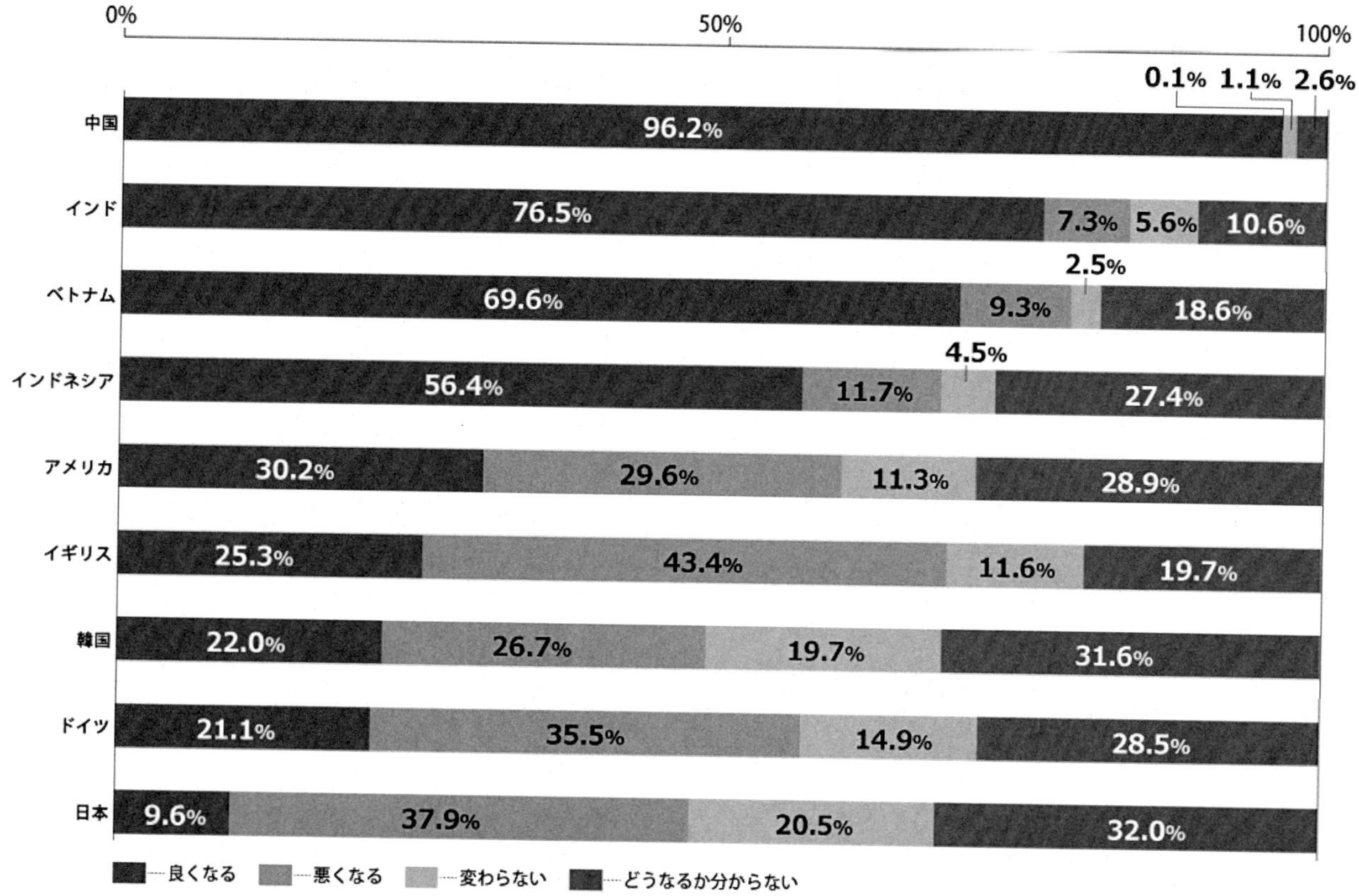

出典：日本財団「18 歳意識調査」2019

図表 25-2 ＜今後 12 カ月の自社の成長の見通し：「非常に自信がある」と回答した割合＞

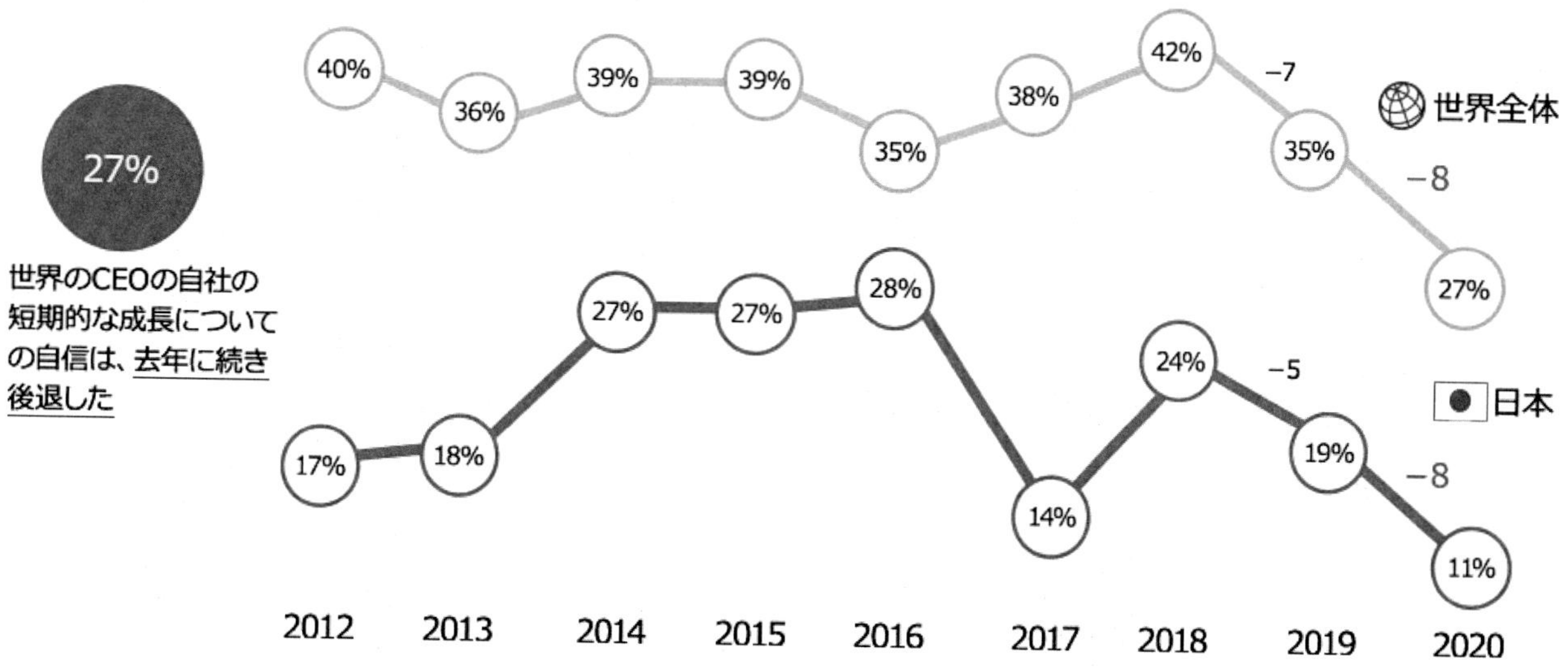

出典：PwC グローバル「第 23 回世界 CEO 意識調査」2020

26 自信がない日本人

少し古いデータであるが、もう一つ興味深い調査結果を紹介したい。世界的なソフトウェア会社であるアドビが２０１２年に行った調査である。日米英独仏５カ国の消費者（18歳以上５０００人）に、「次に挙げる国の中で最もクリエイティブだと思う国はどこか？」という質問を行った。選択肢は調査を行った日米英独仏５カ国である。

５カ国中３カ国の消費者で、「日本が最もクリエイティブな国だ」と答えた人が１番多かった。イギリスで40%、ドイツで40%、フランスで37%だ。いずれの国も、回答の２位は自国であった。つまり、英独仏では一番クリエイティブなのは日本、次は自分の国だと答えたわけだ。

例外はアメリカである。47%のアメリカ人が「アメリカが最もクリエイティブな国」、つまり自分の国が一番と回答した。２位が日本の34%である。もう一つの例外は日本である。**日本人が最もクリエイティブと答えたのは、アメリカで39%、日本は26%の２位であった。**

この結果は何を表しているのだろう。**「海外からは評価されるのに、自信を持っていない日本人」**ではないか？　ちなみに同じ調査では「最もクリエイティブだと思う都市」という質問も行われている。結果は、**５カ国中４カ国の消費者で、「東京が最もクリエイティブな都市」**と答えた人が一番多い。どの国も東京の次は自国の都市を挙げているから、クリエイティブな国への回答と同様だ（アメリカのみニューヨーク、サンフランシスコ、ロスアンジェルスの３都市が選択肢となっており、票が割れたので、国と同様、アメリカは自国の都市が最もクリエイティブと思っていると言える）。ここでも、日本人は例外だ。最もクリエイティブな都市はニューヨーク（38%）であり、東京は２位（23%）である。

１つの調査だけで、あまりモノを言わない方がいいかもしれない。しかし、P15で紹介した調査でも、２０１４年、２０１９年と日本は国のブランドとして世界で最も評価されているのだ。日本人自身の自国の将来への悲観的な見通しとの落差は大きすぎる。

安易な「自画自賛」に意味はないが、自国の資源や魅力はビジネスに、経済成長に、将来への展望に結び付けられるはずだ。国民が日本の未来を信じることが、経済の好循環につながり、再び日本を「先進国」に復帰させるのだ。

それでは、日本はこれからどうすればいいのか？　３つの提案をしてみたい。

提案① **高く売れる商品・サービスを**
提案② **みんなが能力を活かせる「積極的労働政策」**
提案③ **構造改革論にごまかされるな**

図表 26-3 ＜日本はこれからどうすればいいのか？　3 つの提案＞

提案① 高く売れる商品・サービスを
提案② みんなが能力を活かせる「積極的労働政策」
提案③ 構造改革論にごまかされるな

図表 26-1 ＜世界で最もクリエイティブな国は？＞

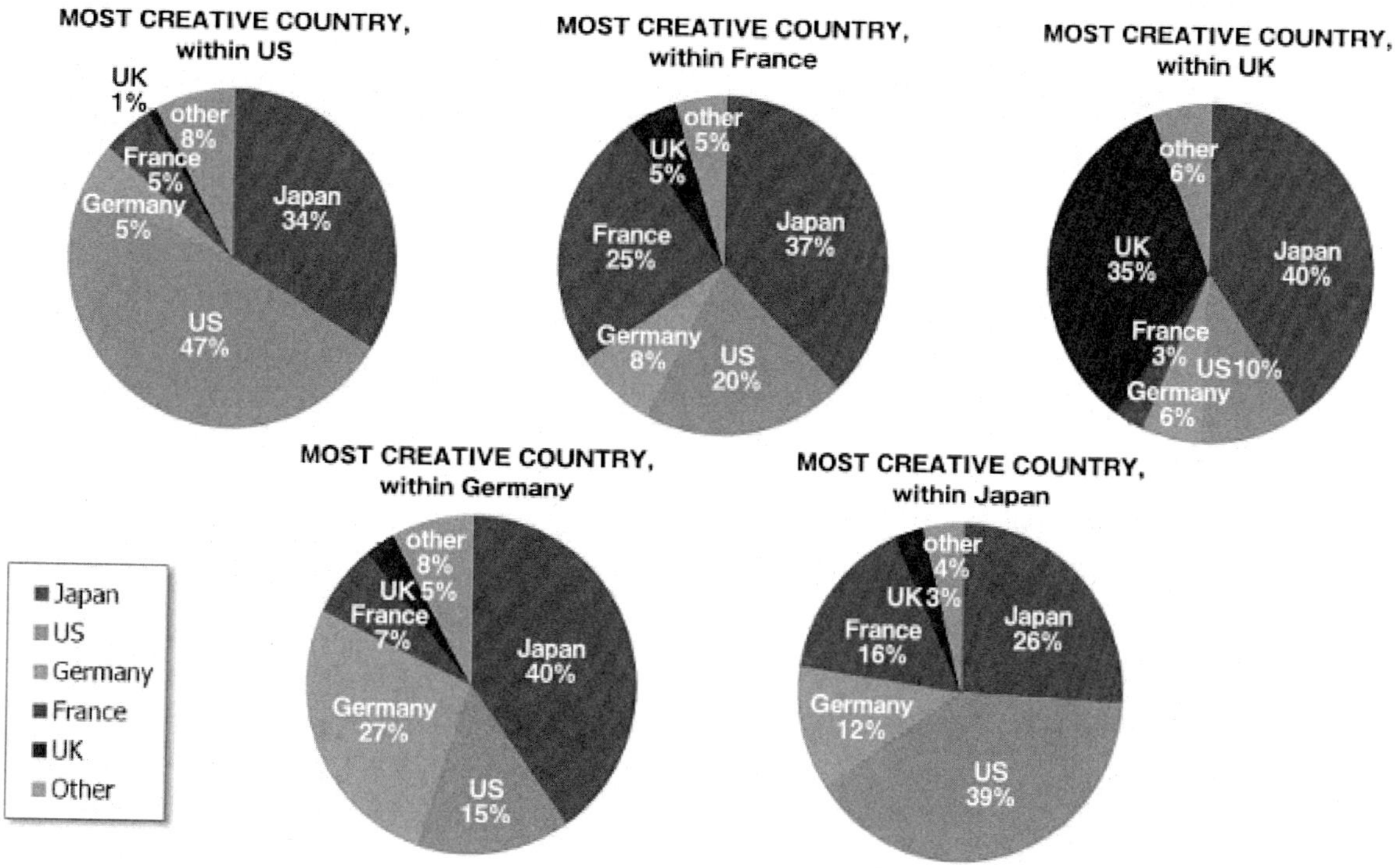

出典：Adobe Systems「クリエイティビティーに関する調査」2012

図表 26-2 ＜世界で最もクリエイティブな都市は？＞

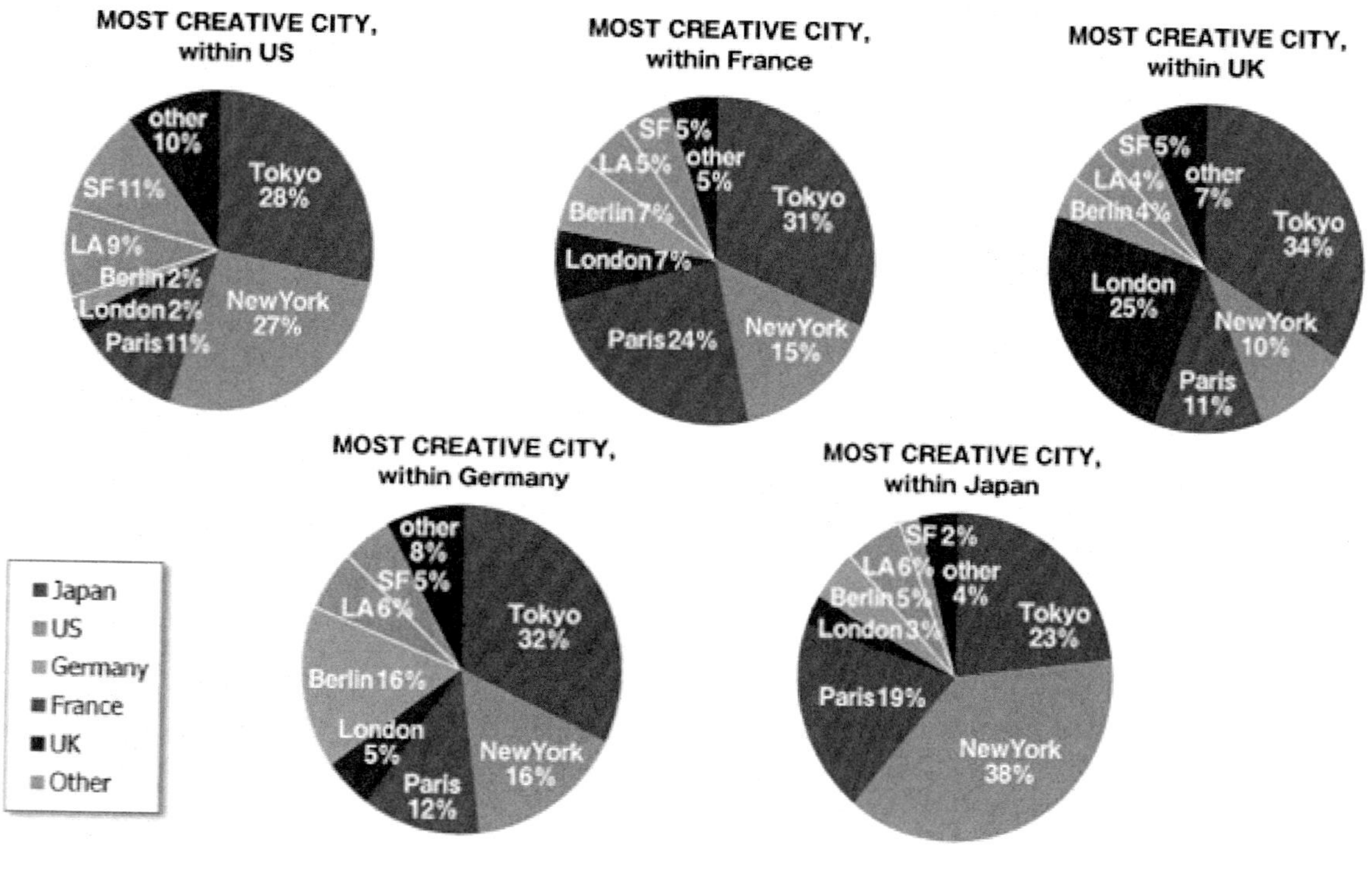

出典：Adobe Systems「クリエイティビティーに関する調査」2012

27

提案① 高く売れる商品・サービスを

日本経済が成長し、再び「先進国」に返り咲くためには、低金利の今こそ政府が財政支出を行い、インフラの構築や人材への投資をするべきだと主張してきた。しかし、**政府ができることは基盤を作ることであり、経済成長の弾み車を回し始めることだ。主役はあくまでも民間である。**企業が積極的に投資をする、そして投資を引き出す新しい消費が生み出されなければならない。

日本の消費者の人口は減るのだから、消費を増やすためには、1人当たりの価格を上げるか、輸出を増やすことになる。**長期間にわたるデフレは、消費者の低価格志向を定着させた。**P6でも紹介したように、ワンコインでこんなにおいしいランチが食べられる国はない。一方、ユニクロや鳥貴族のように品質の良い商品を安く提供することで大成功してきた店も、値上げをした途端に売上を落としてしまった。これでは、例えば円安で原材料費のコストが上がっても、どの企業も値上げはできず、何とか価格を維持するのが精一杯だ。しかし、まさにこの状況がデフレスパイラルを生み出してきたのであり、そこから脱却しなければならない。

そのための一つの方策が、**高く売れる商品・サービスを開発・販売すること**である。

注：もちろん個別の商品の価格と全体としての物価はイコールではない。経済成長のサイクルを回すために需要を増大させるための方策としての提案である。

例えば、**日本には富裕層と呼べる世帯が133万世帯ある**ことを知っているだろうか？（図表27－1） 野村総合研究所によれば、2019年に純金融資産保有額（保有する金融資産から負債を引いた額）が1億円以上5億円未満の「富裕層」は124万世帯、同じく5億円以上の「超富裕層」は8.7万世帯、存在する。これらの世帯は、全世帯が保有する金融資産合計の約2割に当たる333兆円を保有しており、しかも2017年から6万世帯増加している。自分とは縁のない世界と思う人もいるかもしれないが、日本の**世帯の40軒に1軒**があてはまることになる。全く単純な計算だが、これらの世帯が100万円ずつ多く支出すれば1兆円、1000万円ずつ多く支出すれば10兆円消費額が増え、つまり誰かの所得が増えるのだ。これらの世帯が買いたくなるような高額商品・サービスを、企業はもっと真剣に開発すべきだ。

付加価値があれば高くても売れる

新型コロナのために完全に一時中断になってしまった**インバウンド（訪日旅行）**だが、日常が戻れば再び人気を取り戻すであろう。日本の観光資源が非常に高く評価されていることと、日本が世界の中で価格の安い国になったことがその理由だ。しかし、訪日観光客の中にも富裕層はたくさんいる。むしろ、そうした**富裕層が買いたくなる、利用したくなる高額の商品・サービスが日本には決定的に不足している**のだ。

P6で取り上げた、中藤玲「安いニッポン」に紹介されている事例を見てみよう。パウダースノーで知られる北海道のニセコ地域は、オーストラリアなどからのインバウンド（訪日外国人）が急増していることで知られる。滞在費が相対的に安くなっていることが人気の理由である一方、リゾート地として家賃や物価は上がっている。1Kの部屋の家賃が6万円以上（札幌市中央区の相場は4.3万円）、ハンバーガーセットは2000円で、カレーは1500円だ。それでも外国人の値段の感覚か

図表 27-1 ＜純金融資産保有額にみる日本の富裕層と世帯数＞

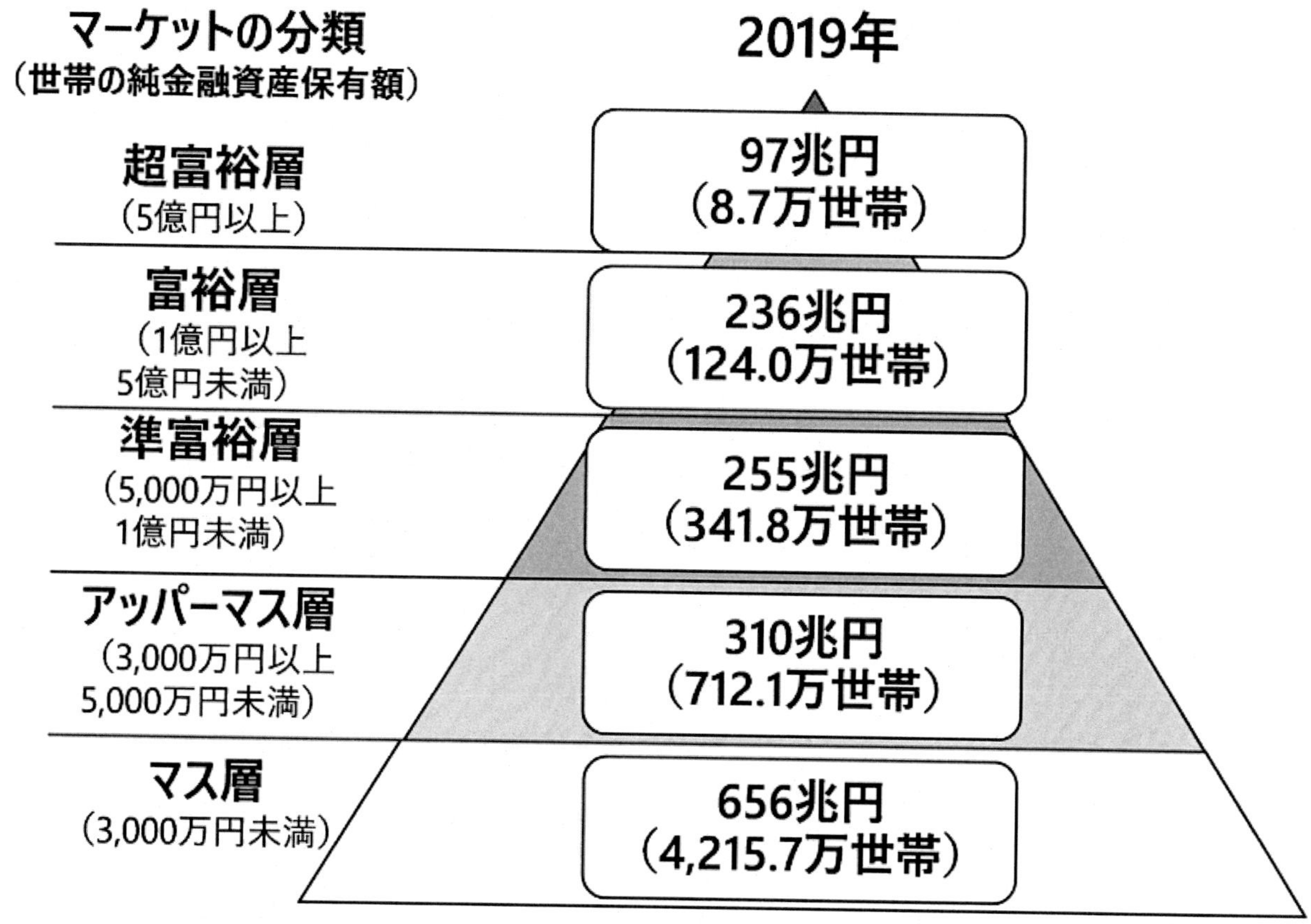

出所：国税庁「国税庁統計年報書」、総務省「全国消費実態調査」、厚生労働省「人口動態調査」、国立社会保障・人口問題研究所「日本の世帯数の将来推計」、東証「TOPIX」および「NRI生活者1万人アンケート調査（金融編）」、「NRI富裕層アンケート調査」などからNRI推計。

出典：野村総合研究所（2020）

らすれば、それほど高いわけではない。いや、世界のスキーリゾートと比べれば、明らかにニセコは安い。逆に言えば、リゾート地としての質が伴っていれば、まだまだ高く売ることは可能である。要は、**顧客がその商品やサービスの価値に見合っていると判断すれば、いくらでも高価格の商品は成り立つのだ。**

もちろん観光に関わっていない地元民にとって、高価格は迷惑なものでしかないだろう。しかし、例えば彼（女）等が観光業に関わり、高い給与をもらえるようになれば、その価格は受け入れ可能となる。何でも安ければいいという今の日本が間違っているのだ。**日本が経済成長の良いサイクルに乗って、給与が上がっていけば、みんなが高額だが質の良いものを買うようになる**はずだ。

28 日本がアジアにあることはビッグチャンス

日本の消費者の人口は減るのだから、需要を増やすためには、1人当たりの価格を上げるか、輸出を増やすことになる。もう一つは、輸出だ。ここで言う輸出とは、文字通りの輸出に加え、前ページでも取り上げた**インバウンド（訪日外国人）**、**越境EC**も含めて考える。越境ECとは、海外のECサイトでモノを販売することだ。経済産業省によれば、2019年度の日本から米中に販売された越境ECは約2.6兆円だからバカにならない。インバウンドで日本の商品を知り、越境ECで買い続け、再びインバウンドといった好循環も期待できる。

このようにインバウンドも含めて輸出を捉えると、日本には大きなアドバンテージがある。**日本がアジアにある**ことだ。「21世紀はアジアの世紀」と言われて久しい。以下は、「寺島実郎の時代認識」資料集からのデータである。

世界のGDPシェアの推移（図表28－1）を見ると、2000年は米国が30％、日本が14％で、アジア（日本を除く。以下も同様）は7％だった。これが、2020年には米国が25％、日本が6％と減少する一方で、アジアは25％と3倍以上に増加している。もちろんこれは中国の経済成長の効果が大きく、17％となっている。2030年には米国が22％、日本が4％とさらにシェアを落とす一方、アジアのシェアは32％と予測される。つまり、**世界のGDPの1／3はアジアが占める**ことになるのである（一方、日本のシェアがどんどん落ちていくことが問題なのだが）。

アジア富裕層向けの商品を

実際、日本の貿易相手国のシェア（輸入・輸出を合計した貿易総額）（図表28－2）の推移を見ると、アジアのウェイトが高まってきたのがわかる。2000年、日本の貿易に占めるシェアは米国が25％、アジアが41％だった。これが、2020年には米国が15％まで減少する一方、アジアは54％まで増加、**既に日本の貿易相手の過半はアジア**なのである。ここでも中国のウェイトの高まりは明らかであり、2000年の10％から20年間で24％まで増えている。

日本経済の成長のためには、輸出、インバウンド、越境ECの高まりが不可欠であるが、**成長著しく、地理的に近いアジアの顧客の支持を得る**ことは何よりも大切である。例えば、アジアの富裕層のインバウンドに買ってもらえる商品を考えるべきだ。また、アジアの経済成長においては、デジタル分野のように一足飛びに日本を超えて成長している分野がある一方、かつて日本がたどった成長プロセスの経験が参考になる場合もあり、その強みは活かしていく必要がある。

図表 28-1 ＜世界の GDP シェア推移＞

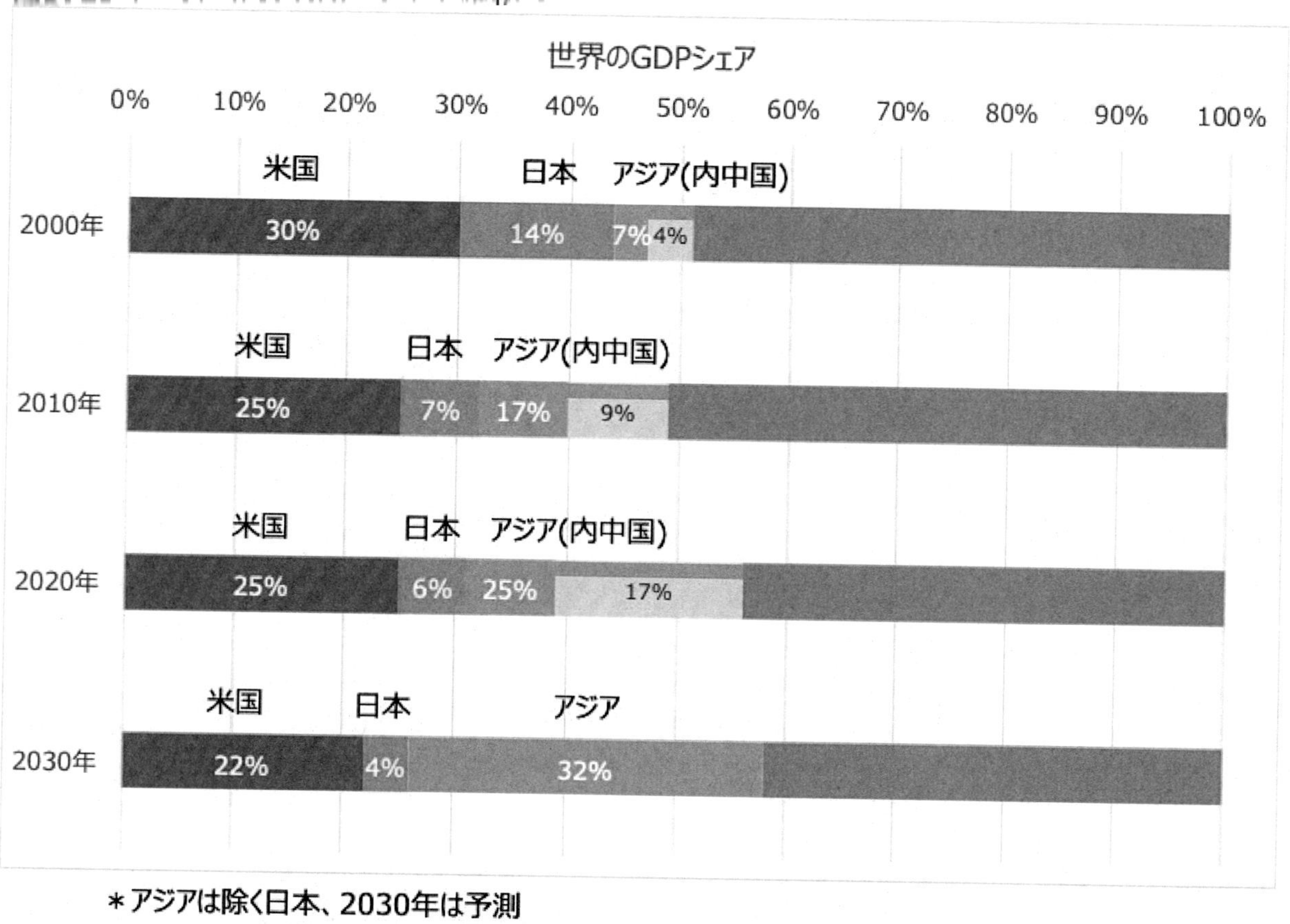

出典：「寺島実郎の時代認識」資料集（特別版）2021 年春号・夏号から作成（データ：OECD、IMF）

図表 28-2 ＜日本の貿易相手国のシェア推移＞

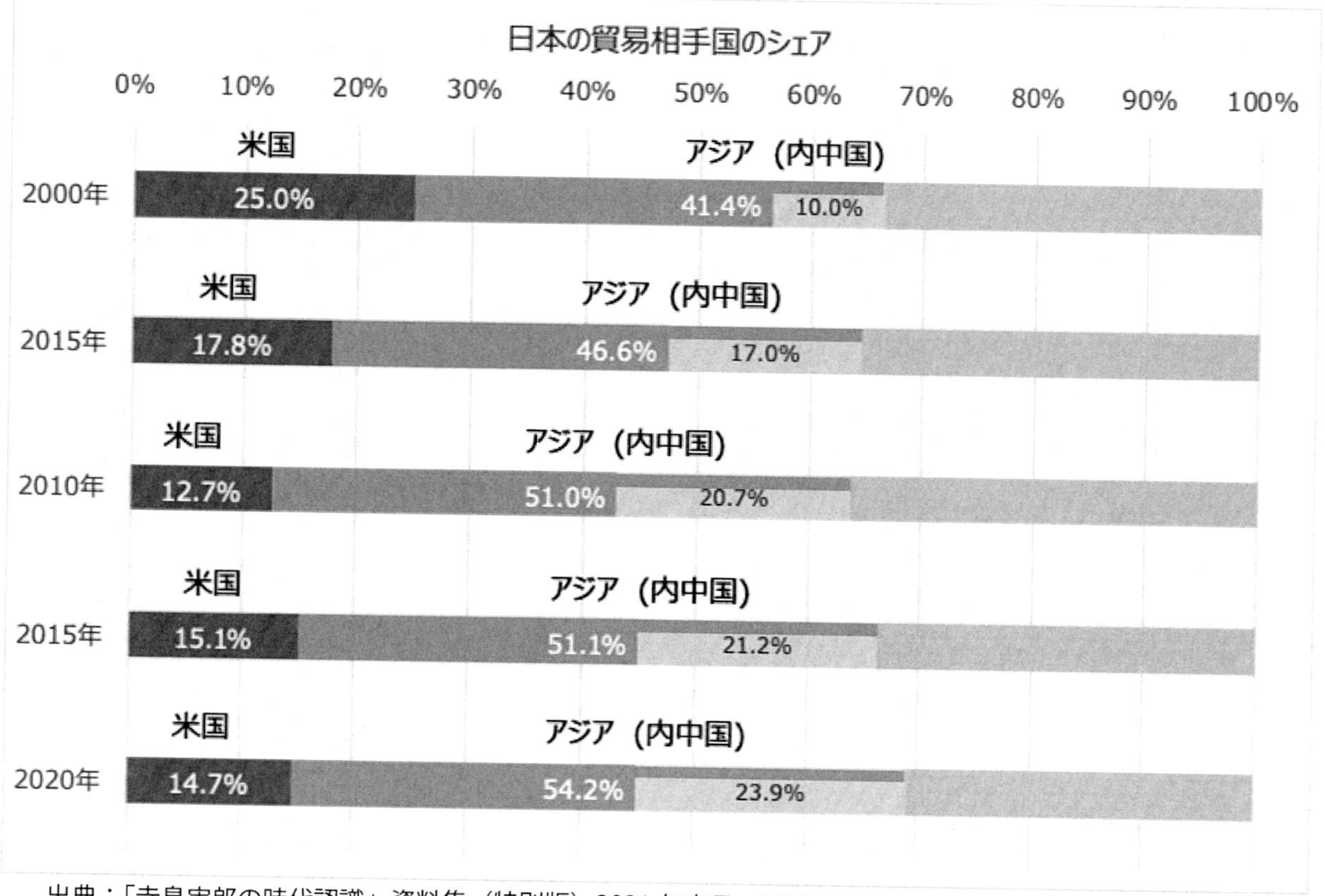

出典：「寺島実郎の時代認識」資料集（特別版）2021 年春号・夏号から作成（データ：財務省「貿易統計」2020）

29

提案② みんなが能力を活かせる「積極的労働政策」

日本企業が借金をせず投資をしないで、従業員の給与を下げることで利益を上げていることを、本書ではデフレスパイラルの原因として取り上げてきた。また、賃金が下がる一方で、内部留保や株主への配当ばかりが増加していることも指摘した。逆に従業員の給与を上げることが、日本の経済成長の良い循環につながるとも主張している。

しかし、**本書は一方的に企業を批判したいわけでは全くない**。90年代後半から2000年代前半におけるデフレスパイラルの原因に、企業の貯蓄過剰があることは明らかだが、個別の企業がバブル崩壊で過剰な負債を抱え、財務状況の改善のために借金を返すことを優先するのは当然であり、これを批判するのは筋違いである。

環境の変化に合わせて、特定の事業分野に経営資源を集中しなければならなくなった現在、日本企業は国内で投資をしようとしなくなっている。その要因の一つは、**我が国独特の終身雇用制度が大きな制約**となっているためだ。

なぜ日本で終身雇用制度が一般的かといえば、それは高度成長期に有効だったからである（図表29－1参照）。**日本の雇用は、世界で一般的な「ジョブ型」ではなく、「メンバーシップ型」**と言われる（濱口桂一郎「新しい労働社会」岩波新書）。ジョブ型が具体的な仕事に対して人を割り当てる、就「職」であるのに対して、メンバーシップ型はまず人を採って、それから仕事を割り振る、つまり就「社」である。能力のありそうな社員を雇用し、OJT（オン・ザ・ジョブ・トレーニング）で仕事を覚えてもらう、会社の命令で職種が変わることは普通だ。しかし、終身雇用だから解雇はできない。高度成長期は、多くの分野で安定的に市場が成長していたし、環境の変化もゆるかった。また、一時的に業績が停滞しても、再び成長が見込めたから、社員を解雇せずに抱えていても、いずれ戦力として復帰したし、会社に必要な職種が変われば、自由に配置転換することができたのである。また、給与も継続的に向上させることが可能だった。

雇用調整という ブレーキのない車

しかし、急成長する分野と衰退分野が併存し、環境の変化は激しくなり、またどの分野が成長するかもわかりづらくなっている現在では、事情は全く変わってしまった。時代の変化に合わせて、有望と思われる分野が見えてくれば、**即座に適した人材を雇用し投入する一方、環境が変化して撤退となれば人材を解雇する**必要がある。この時代に終身雇用制度は最も適していない（図表29－1参照）。成長分野に参入しようとしてもすぐに人材を確保することは難しい一方で、投資に失敗した場合、不要人員を抱え込まなければならない。日本では解雇の条件が厳しいが、それは解雇されて転職となると、次の職を見つけるのが難しいからだ。中小企業においては、転職者が少ないわけではないが、転職によって給与が増える**キャリアアップを果たすことは、日本では極めて難しい**。また、終身雇用が前提では、企業は給与を上げにくいだろう。経済停滞下にあっては、社員（組合）も給与増より、まずは雇用確保を優先ということになりやすい。

松元崇「日本経済 低成長からの脱却」（NTT出版）は、こうした日本の状況を、雇用調整というブレーキが備わっていない車にたとえている。まっすぐに走ればよかった高度成長期には、雇用調整というブレーキを使う必要はなく、せいぜい景気後退時に企業内失業というエンジンブレーキを使うくらいで、日本という車は他国が驚くスピードで走った。しかし、曲がりくねった道に臨機応変に対応して運転しなければ、グローバル競争に勝てなくなった今日、**雇用調整というブレーキが利かない車では怖くてスピードが出せない。**ブレーキが利かない車ではアクセルを思い切って踏み込むのは危なすぎると、ノロノロ運転をしていて、あっという間に各国においていかれてしまった。わかりやすいたとえだ。

終身雇用制度と言っても、既に随分前から崩れてきていると思う人も多いだろう。日本のリーディングカンパニーであるトヨタの社長でさえ、「終身雇用を守るのは難しい」と発言した。しかし、それに変わる方向性が見えてきているわけではない。投資はせずに、給与は下げて、利益は確保するという「悪いサイクル」からどのようにして脱却するのか？　が問われている。

そこで注目すべきが、**みんなが能力を活かせる「積極的労働政策」**である。

図表 29-1 ＜終身雇用制度と時代のミスマッチ＞

	社会環境		企業の対応
高度成長期	多くの分野で安定的な成長	→	○解雇せずに抱えていても、再び戦力に
	環境の変化はゆるい	→	○社内の配置転換で対応
	停滞は一時的	→	○給与の継続的な向上が可能
現在	急成長/衰退分野の併存	→	×人材の解雇・新規雇用がやりにくい
	環境の激しい変化	→	×人材の「不良資産」化
	長期停滞の危険性あり	→	×給与アップはリスク要因に

30 解雇されるが再チャレンジできるスウェーデン型に

生産性向上のためには、①みんなが能力を十分に発揮できる仕組みを作る、②投資を増やす、③イノベーションを起こす、④成長分野に力を入れる、の4つが必要だ。(P53参照)このうち、みんなが能力を十分に発揮できるように、従来の日本の終身雇用制度を中心とした仕組みに代わるべきなのが、**スウェーデン型の「積極的労働政策」**だ。その特徴をひとことで言えば、**解雇されるが再チャレンジできる仕組み**だ。解雇とか、生産性とかと聞いただけで、拒絶反応を示す人がいるかもしれないが、しばらく説明を聞いてほしい。

スウェーデンというと、福祉の充実した国、優れた英語教育の国といったイメージが私にはあるのだが、近年目覚ましい経済成長を遂げていることは知らなかった。スウェーデンの成長の要因はデジタル産業での成功にあるが、それを支えているのが積極的労働政策だ。「積極的」とは、失業保険の給付のように、ただ単に現金を給付するだけの「消極的」労働政策とは正反対の内容であり、**職業訓練や能力開発で労働者の技能を高め、就業・求職活動をサポートする政策**を指す。

積極的労働政策が進められたスウェーデンでは、企業は人材が不要になれば、比較的容易に解雇することができる。しかし、解雇された従業員は、本人の努力しだいでキャリアアップを果たし、高い所得を得ることが可能だ。それを助けるのが充実した職業訓練の仕組みである。

スウェーデンでは、失業しても学び直して、前の仕事よりも条件の良い仕事に就くことが普通に行われている。失業したからと言って、すぐに生活に困ることはなく、じっくりとキャリアアップが図れるのだ。たとえば、**スウェーデンでは高校を卒業してすぐに大学に入るのは一般的ではない。**まずは就職して働き、やりたいことが見つかったら、大学に入ってやりたいと思う分野の専門知識を勉強し、再び働き始める。これを何度も繰り返す人もいるという。

安心転職社会を

もちろんこうした人生設計が可能になるのは、失業時に安心して学ぶことができるような保証がしっかりしているためだ。この仕組みは、**企業を守るのではなく、人を守るという考え方に基づいている。**時代に取り残された企業は淘汰されてもかまわない。その企業で働いていた人は、新しい知識を身につけて、新しい時代の中で伸びていく企業に転職する。このように**転職を通じて、人材がより力を発揮できる企業に移っていくことで、国全体の経済が成長していく**のである。

スウェーデンは、転職社会であり、それを徹底した社会保障が支えている。いわば、**「安心転職社会」**だ。これは社会のあり方の違いで、すぐに日本がそのような社会になることは難しいだろう。しかし、転職が不利になるからといって、企業に留まり続け、その力が活かされないのでは、本人にとっても企業にとっても日本経済にとってもいいことはないのである。「みんなが能力を十分に発揮できる仕組み」こそが、個人の幸せと日本経済の成長を両立させるはずだ。生産性向上の条件には他に3つあった。人材の移動はまさに「成長分野に力を入れる」ことであるし、「投資」や「イノベーション」も、終身雇用制度の制約が外れれば促進されるだろう。

注:このページの記述は、松元崇『持たざる国』からの脱却』(中公文庫)、『日本経済 低成長からの脱却』(NTT出版)を参考にした。

コラム

ベーシックインカム

最近ベーシックインカムが話題になっているようだ。ベーシックインカム（基礎所得保証。以下BI）とは、**政府がすべての国民に一定の金額を定期的に支給する政策**である。新型コロナへの緊急対応として、日本を含む各国で国民全員に一律の現金給付が実施されたことが、話題のきっかけだろうか？ また、AIの発展により、急速に失業者が増える、つまり働いても食えるだけの給与を稼ぐことができない国民が増えるのだから、BIが必要だとの論もある。

BIについては、多くの論者がそのメリット・デメリットについて述べているが、とてもそれを紹介できる紙幅はない。重要なポイントは2つあると思う。そもそもBIとは基本的に、今ある社会保障制度、つまり医療保険や年金、諸手当、生活保護などをやめて一律給付に一本化するものだ（各種議論あり）。社会保障制度が複雑になりすぎており、その給付体制を効率化できる。

もう一つは財源である。仮に年100万円（月8.3万円）を全国民に配ると120兆円が必要となる。これは日本の今の歳出総額をも上回る額だ。当然増税は不可避となる。もちろんその代わり、社会保障費が削減される。社会保証給付費から医療関連を除くと、69兆円になるので、月額4万6000円であれば、増税は必要ないとの試算もある。

私が最も危惧するのは、**AIで稼ぐ一部の富裕層とBIだけで暮らす貧困層の格差を完全に固定化するのではないか**という点である。いずれにしても、そう簡単に実施ができる話ではないだろう。

注：このコラムの記述は、大崎朋子「ベーシックインカム待望論の危うさ」（週刊東洋経済 2020.7.18）を参考にした。

図表 30-1 ＜現在の終身雇用社会とこれからの安心転職社会＞

終身雇用社会（従来の日本型）	安心転職社会（スウェーデン型）
・簡単に解雇できない	・簡単に解雇できる
・消極的労働政策：失業保険の給付などが中心	・積極的労働政策：失業中は労働者の技能を高め、就業・求職をサポート
・転職に苦労、キャリアダウンも多い	・再チャレンジ可能、キャリアアップ可能
・現在の職場にしがみつく傾向	・職の安定よりも個人の幸せを追求
・能力が十分に発揮できない人材も	・みんなが能力を十分に発揮できる
・人材の滞留による経済の停滞	・人材の移動による新事業・経済成長

31

提案③ 構造改革論にごまかされるな

日本経済が停滞から脱却するために は、構造改革が必要だと、今まで何度 も言われてきた。 規制を緩和する必要 がある、公的企業の民営化を進めるべ きだ…などなど。 確かに平成の日本だ けが成長してこなかったことを見る と、何か日本の構造（仕組み）には問 題があり、それを変えなければいけな いと思いたくなる。 あとでも説明する が、生産性向上のために構造改革は必 要である。 しかし、構造改革とは一体 何なのか、はっきりしないし、どのよ うな効果が期待できるかについても誤 解がある。

結論を先に述べよう。 **構造改革論に ごまかされてはいけない。 むしろ、そ れによって、やるべきことをやらない ことの方がよほど問題である。**

まず、構造改革とは何だろうか？ 国の生産性を向上させるために、ヒト・ モノ・カネといった資源が有効に配分 されるように促す制度の改革である。

例えば、公的企業を民営化する、政府 の規制を緩和する、独占企業を分割す ること。 全体として供給が需要を上回 ることで、物価が下落する。 景気は悪 い。 デフレに良いデフレはない。

一方、インフレの時はどうか？ ④ 需要が供給を上回っている （供給が不 足している）、つまり消費者がモノを 欲しがっても生産が追い付かないから 物価が上がっている。 ということは、 資源を使い切っているわけだから、失 業者はいないし、遊休資源もない。

このときの一つの対応は、⑤マクロ 経済政策 （金融引き締め、増税など） で景気の過熱を抑えて、需要を減らす こと。需要と供給がバランスするから、 インフレはおさまる。

一方、⑥構造改革を行えば、供給 が増えるから、満たされていなかった 需要に対応することができるようにな る。 さらに需要が増えていけば、構造改革 によって供給が増えていけば、GDP は増加する。 **国の資源を無理なく使い 切って （したがって、失業者もいない**

例えば、公的企業を民営化する、政府 の規制を緩和する、独占企業を分割す ること。 つまり、規 制などがあるが、これに当たる。 つまり、規 制などがあるために、本来労働や資本 がそこに投入されて成長するはずの産 業や企業に、労働や資本が回らないこ とを防ぐのが、構造改革である。

今の説明を聞いて、どこに問題があ るのか？ 是非やるべきではないか！ と思った人も多いだろう。 しかし、**構 造改革はやってよい時と悪い時があ る。 インフレの時はやってよいが、デフレ の時はやるべきではないのだ。** 改めて インフレとデフレの説明をすれば、

・インフレとは、継続的に物価が上昇 すること。

・デフレとは、継続的に物価が下落す ること。

図表31-1を見てほしい。 デフレは、 まさに日本経済がそのスパイラルに 陥っていたわけだが、今まで説明して きたように、①需要が不足しており、 供給が需要を上回っているために起こ る現象である。 十分に使い切っていない資 源、失業者がいたり、遊休資源があっ たりする状態だ。 そこで、②生産性を 向上させるための構造改革をやったら どうなるか？ 構造改革とは、より少 ない資源を使って、より多くの生産が できるようにすることである。 つまり、 ますます供給力は上がるのだから、需 要に対応することができるようにな る。 需要の不足はさ らにひどくなり、 使っていない資源は 増える、 したがって失業者も増えるこ とになる。

デフレの時にやるべきは、③需要を

良いインフレ…全体として需要が供 給を上回ることで、物価が上昇する。 景気が良い。

悪いインフレ…輸入品 （原油など） の価格が上がることで、物価が上昇す ることになる。

状態で）達成できるGDPを「潜在GDP」と言うが、**構造改革とはこの潜在GDPを上げていくこと**だと言える。

注：このページの記述は、野口旭・田中秀臣「構造改革論の誤解」（東洋経済新報社）を参考にした。

コラム

失業率はゼロにはならない

右の説明では、経済が成長していくとインフレの時は、資源を使い切っており、失業者はいないと書いたが、**実際に失業率がゼロになることはない**。失業者とは職を探しているのに、職につけていない人のことで、失業率はその比率である。失業はその発生の原因により、「需要不足失業」「摩擦的失業」「構造的失業」の3つに分けられる。

需要不足失業とは、景気が悪い時に起こる失業で、需要が不足することで生産に必要となる労働力が少なくなることで、起きる失業である。これに対して、**摩擦的失業**とは職探しに時間がかかることによって発生する失業を指す。また、**構造的失業**とは雇用主が労働者に求める技能などの特性と失業者の持つ特性がずれることによって生じる失業である。したがって、いくら景気が良くても摩擦的失業と構造的失業は存在するから、失業率がゼロになることはないのだ。

基本的に失業率が下がれば、給与は上昇し、インフレ傾向が高まる。インフレを加速しない失業率の下限のことを「NAIRU」と言うが、日本銀行の政策の目的はインフレを加速させずに失業率を下げることだから、このNAIRUが一つの目標値となる。しかし、現在の日本は失業率は以前より下がり、有効求人倍率も高くなってきているのに、給与は上がらず、インフレにもならない。したがって、NAIRUを目標とするのが正しいのかはよくわからない。

注：このコラムは、宮本弘暁「摩擦的失業と構造的失業」（日本労働研究雑誌 2015.4）を参考にした。

図表 31-1 ＜財政支出か構造改革か（今は構造改革の時ではない）＞

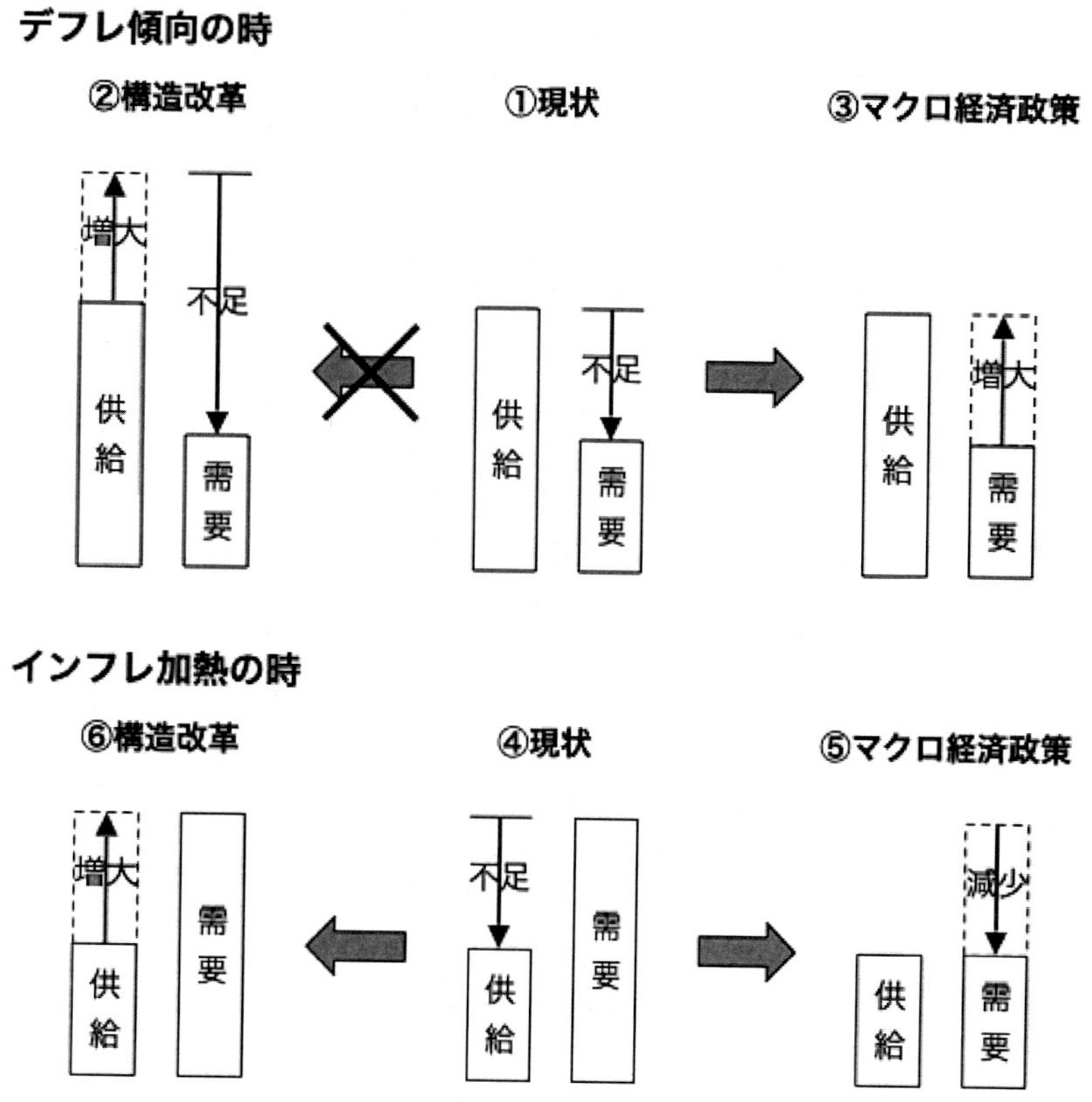

32 これが日本の生きる道

構造改革論が常に叫ばれてきたのは、財政支出を増やさずに景気が良くなるような気がするためではないか。しかし、今の日本では、需要を増やすために財政支出が不可欠である。

一方、生産性の向上が必要と今まで散々言っていたのは何だったのか？と思う人がいるかもしれない。整理しよう。

財政支出と構造改革は期待できる成果の出る期間が全く違うのだ。財政支出は景気を良くするために行って、短期的に結果をだすこと。これに対して、構造改革は潜在GDPを上げるために、効率的に供給できる仕組みを、中長期的に作り出すことだ。インフレと不況（スタグフレーション）に悩んでいた80年代のアメリカで、レーガン大統領は構造改革を行ったが、その成果が出たのは90年代のクリントン大統領の時と言われている。

少しも給与は上がらないが、これからも少子高齢化が進む日本では人手不足になっていくことは、必至である。働く女性を増やす、働くシニアを増やす、働く外国人を増やすことで、人手不足を埋めるにしても、生産性向上は不可欠であり、そのためには構造改革は必要だ。したがって、**短期的には財政支出を行いながらも、中長期的には構造改革を進め、民間企業の生産性向上を促さなければならない。**

それを示したのが、図表32－1だ。P36で述べたように、**低金利の今こそ公共事業でインフラを整備するチャンス**である。なぜなら、利率を超えるリターンを得やすいから、財政赤字を増やす可能性が低い。ここで言うインフラとは、高度成長時に整備されて50年以上が経った橋やトンネルのような社会インフラに加え、防災・医療体制や人材への投資なども含んでいる。これらのための財政支出は、短期的には需要を創出し、乗数効果によって、景気回復に寄与するが、中長期的には国民の安全安心を守るとともに、企業の生産性向上にもつながる。構造改革を緊縮財政の方便とするのではなく、財政支出とともに行うことで、両者は相乗効果を上げ、生産性の向上と持続的な経済成長をもたらすことができるであろう。

コラム

政府が借金をどんどん返したらどうなるのか？

借金、負債、赤字というと、どうしても悪いものと思い込みがちだ。負債のない家計はいくらでもあるし、無借金経営の会社もある。国の財政赤字を減らさなければいけないというなら、政府が借金をどんどん返したらどうなるのかを考えてみるのもいいかもしれない。この本で書いてきたことにある程度納得してもらえているなら、結論はわかると思うが、大事なことなので、このコラムで触れることとしたい。

政府の債務残高はおよそ１２００兆円だが、日銀は国債を約５００兆円持っている。まずはこの分を返すことを考えてみる。５００兆円分を増税によって償還すると、現在実体経済に流通する通貨の合計であるマネーサプライ（M3）はおよそ１５００兆円だから、１／３にあたる５００兆円が消滅することになる。とんでもないデフレと大不況が起こるだろう。**借金は返さなければならないという市民的な道徳観を国家レベルに当てはめてはいけない**のである。

さらに言えば、日本銀行はいわば

政府の子会社であり、**その間のお金の貸し借りは右手が左手に借金をしているようなもの**であり、互いの債権と債務を相殺すればチャラになるから、それを問題にしてもあまり意味はない（これを「**統合政府論**」と言う）。日銀の直接の国債引受は原則禁止されているが、これは財政の節度が失われるためと言われる。しかし、最適な財政支出は景気（インフレ・デフレの度合い）によって決められるべきものである。

また、誰かの債務は誰かの債権であるという理解が重要だ。借り手がいれば、貸し手がいるのは当然のことだろう。つまり、**政府部門が借金をすればするほど、民間部門の資産は増大している**のだ（実際にはこれ以外に海外部門があるが）。政府の借金の限度は民間の金融資産という天井によって決まるという論もあるが、これが誤りなのも明らかだろう。政府の借金が増えるほど、民間の金融資産は増えるのだから。政府部門が黒字であることは、民間部門が赤字であることだから、むしろバブルが懸念される状況だ（P27の図表11-1参照）。**理想的な状態は、政府は赤字、民間の中でも企業も赤字（借金して投資している）、家計は黒字という状態**である。

注：このコラムの記述は、井上智洋「ヘリコプターマネー」（日本経済新聞出版社）、「MMT」（講談社）を参考にした。

図表 32-1 ＜これからの日本のための財政支出と構造改革＞

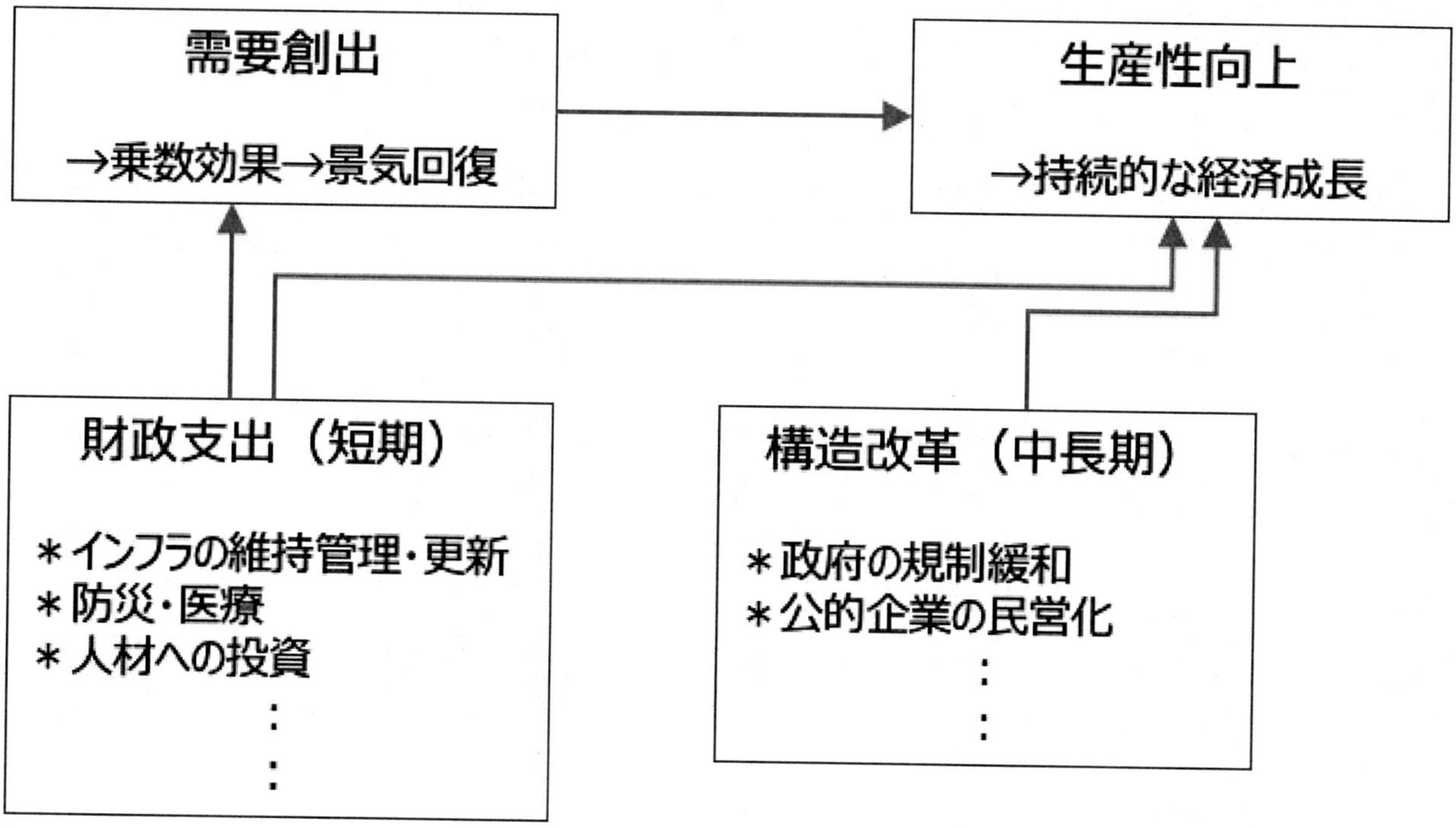

世界の人が求めるジャパンブランドを

モバイル国際送金サービスを提供する米レミトリー社は、世界101の国と地域で行われたグーグル検索の結果を分析し、海外移住に関連するキーワードと同時に検索された移住先を抽出したことを紹介した。このように海外からの日本の評価が非常に高いことは、もちろん大きなチャンスとなる。日本経済が成長するためには、企業が借金をし、国内に投資をすることが不可欠だが、その大きな判断材料となるのが消費の盛り上がりである。そのための大きな鍵として挙げたのが、インバウンド、越境ECを含む輸出だった。その成功の可能性を示す指標として、ここで紹介した「移住先ランキング」も参考になるだろう。

逆に言えば、日本の最大の問題は、世界がうらやむ日本の魅力・資源が経済・ビジネスに結びついていないことなのだ世界に向けた最大のプレゼンテーションの場であった東京2020オリンピック・パラリンピックが完全な形で開催で

P14では、FutureBrand社の「カントリーインデックス」という国のブランド・ランキングで、日本が2014年、2019年と1位になったことを紹介した。このように海外からの日本の評価が非常に高いことは、もちろん大きなチャンスとなる。日本経済が成長するためには、企業が借金をし、国内に投資をすることが不可欠だが、その大きな判断材料となるのが消費の盛り上がりである。そのための大きな鍵として挙げたのが、インバウンド、越境ECを含む輸出だった。その成功の可能性を示す指標として、ここで紹介した「移住先ランキング」も参考になるだろう。

最も多く検索された移住先を検索元の国別に集計したところ、**30カ国から支持されたカナダが1位、13カ国から選ばれた日本が2位**となった。以下、スペイン、ドイツ、カタール、オーストラリアと続く。

日本を移住先に選んだのはカナダ、アメリカ、オーストラリアのほか、ヨーロッパではジョージアとモンテネグロ、アジアではタイ、台湾、フィリピンなどである。レミトリー社の分析によれば、日本が選ばれた理由としては**「とても魅力的な風景と安全性、そして無数の雇用機会、非常に称賛を受けている人生の質」**などが挙げられている。海外からは雇用機会が多いように見えるのだろうか？

きなかったことは、返す返すも残念でならない。本書で、消費拡大の鍵として高度成長を果たした。それが悪いわけではない。しかし、それだけでは今後の経済成長を実現することはできない。これからは、特定の誰かが喜ぶ、価格の高い製品こそが、ブランドである。

皆さんはブランドと聞いて、何を思い浮かべるだろうか？ ヨーロッパの高級ブランドバッグや宝飾品などの高級ブランドと答える人も多いだろう。そうしたブランドは、もちろん製品としての機能や品質も優れているが、それを超えた何かを持っている。歴史であったり、伝統であったり、愛好する人々の暮らしであったり、物語であったり…。こうした**製品に付加された顧客の認識や感情、評価の総体がブランドなのだ。**仮に製品としての機能や品質にそれほど差がなくても、そちらを選ぶ、それを買い続ける、値段が高くても喜んで買う、これがブランドの力だ。

日本は、誰もが喜ぶ、品質が良くて

安い製品を提供して、世界を席巻し、高度成長を果たした。それが悪いわけではない。しかし、それだけでは今後の経済成長を実現することはできない。これからは、特定の誰かが喜ぶ、価格の高い製品こそが、ブランドである。

もちろん品質は良いが、価格が安ければ、みんなが買うだろう。しかし、「特定の誰か」と書いたのは、**その製品の価値を本当に認めてくれる人だけが、高い価格を支払ってくれる**からだ。この価値こそが、ブランドである。

日本経済が成長し、再び「先進国」となるためには、ジャパンブランドのさらなる確立が不可欠だ。世界中の人が、高い価格を支払いたくなるようなモノ、サービス、文化、観光地…であるためには、何よりも日本国民自身がその価値を発見し、創造し、認識しなければならない。

インバウンドと高付加価値化に共通するキーワードこそ、ブランドに他ならない。

れればならない。

あとがき：経済はみんなの生活なのだから、経済学はみんなの学問のはず

この本を書くきっかけになったのは、P5で紹介した「世界各国の1995年から2015年までの20年間の経済成長率」のランキングを見たことである。**日本が最下位、しかも日本だけがマイナスであることに驚いた。**令和も同じようなことが続いたら、いったい日本はどうなってしまうのだろうか？

そこで、私は日本経済について勉強をし始めた。ビジネススクールで経済学入門の講義を受けて以来、30年ぶりのことだ。もう一つ、経済学に興味を持った理由があった。それは、およそ政治的立場は異なる人たちが、もっと財政支出を増やすべきと同じように主張していたことである。その中には、自民党政権のブレーンを務めていた人もいたし、左派と呼んでいい経済学者もいたし、外資証券会社で長いキャリアを積んできたエコノミストもいた。

およそ2年間で日本経済に関わる本を100冊以上読んだ。「日経新聞」の「経済教室」やネットの論考も読みあさった。そして、勉強すればするほど、「常識」は覆されていった。正直私も以前は、「日本は充分豊かだから、これ以上成長する必要はない」、「日本の財政赤字は世界一だから、財政均衡を目指すべきだ」、「国民の社会保障を考えたら、消費税増税もやむをえない」と考えていたが、**本当にそうなのか？　と、疑問は膨らんでいった。**

本書はその勉強から得られた結論でもあり、**最近の日本経済に関するブックガイド**でもある。あらかじめ政治的なスタンスや結論を決めることなく、とにかくいろいろな立場の人の本を読んでみた。本を読む上で重視したのは、理屈（ロジック）が通っているか、事実（データ）による裏付けがあるか、消費者としての企業人としての自分の実感（リアリティ）をもって納得できるかの3点である。それにしても根拠の薄弱な決めつけや、およそ消費者心理を理解しているとは思えない経済に関する論考がいかに多いことか。

日本経済に関する政治家、役人、エコノミスト、経済学者の発言のほとんどは、ポジショントークなのではないかというのが、私の感想である。政治家が自らの政策を推すために経済理論のいいとこどりをするのはわかるし、エコノミストが自分の売りたい方向に話をもっていくのも仕方ないだろうが、**経済学者の主張がここまでバラバラなのには驚いた。**自らの理論（パラダイム）に忠実であろうとする結果なのだろうか？

本書は、この著者の論は納得できるという本を中心にまとめたものである。自分なりに結論、主張、提案には自信を持っている。しかし、新型コロナへの対策が論者によってあれだけバラバラだったことを見ると、自然科学でさえ、何が正解なのか、わからない。経済学であれば、なおさら何が正解なのかはわからないし、反論もたくさん出てくるであろう。しかし、自分の意見が正しいことを前提に決めつけるのではなく、もう少しわかりやすく丁寧に説明してもらえないものだろうか？　なぜなら、**経済はみんなの生活そのものであり、経済学はみんなの学問のはず**なのだから。

改めて、本書の結論を述べれば、**「みんなの幸せのためには、経済成長が必要である。そのための物語を創ろう！」**である。最後にあえて前提を崩すような話をするが、すべての国の人々が一定の豊かさを獲得すれば、投資機会は喪失するかもしれない。**資本主義の原動力は、投資をするために借金をし、それによって貨幣が生み出されることだ。**投資機会がなくなれば、資本主義社会の行動基準が変わり、成果を測る指標も変わるかもしれない。しかし、当面資本主義は続くだろう。そして、資本主義の世界の中でみんなが幸せに暮らすためには、日本の経済成長のための物語が今こそ求められているのである。

櫻井　光行
1960年千葉県生まれ。尚美学園大学スポーツマネジメント学部教授。株式会社博報堂マーケティング局を経て、株式会社ビジネス・デザイン・アソシエイツを設立し、マーケティング、ブランディング、広告の業務に携わる。慶應義塾大学大学院経営管理研究科修士課程修了。博士（経営管理）。20年間にわたり大学の講師を務め、2020年より現職。著書に「マーケティングの嘘」（新潮新書・共著）など。

ISBN978-4-906496-63-1
C0033 ¥980E

定価 本体980円 +税

クラブハウス

著者 ： 櫻井 光行

1960年千葉県生まれ。尚美学園大学スポーツマネジメント学部教授。株式会社博報堂マーケティング局を経て、株式会社ビジネス・デザイン・アソシエイツを設立し、マーケティング、ブランディング、広告の業務に携わる。慶應義塾大学大学院経営管理研究科修士課程修了。博士（経営管理）。20年間にわたり大学の講師を務め、2020年より現職。著書に「マーケティングの嘘」（新潮新書・共著）など。

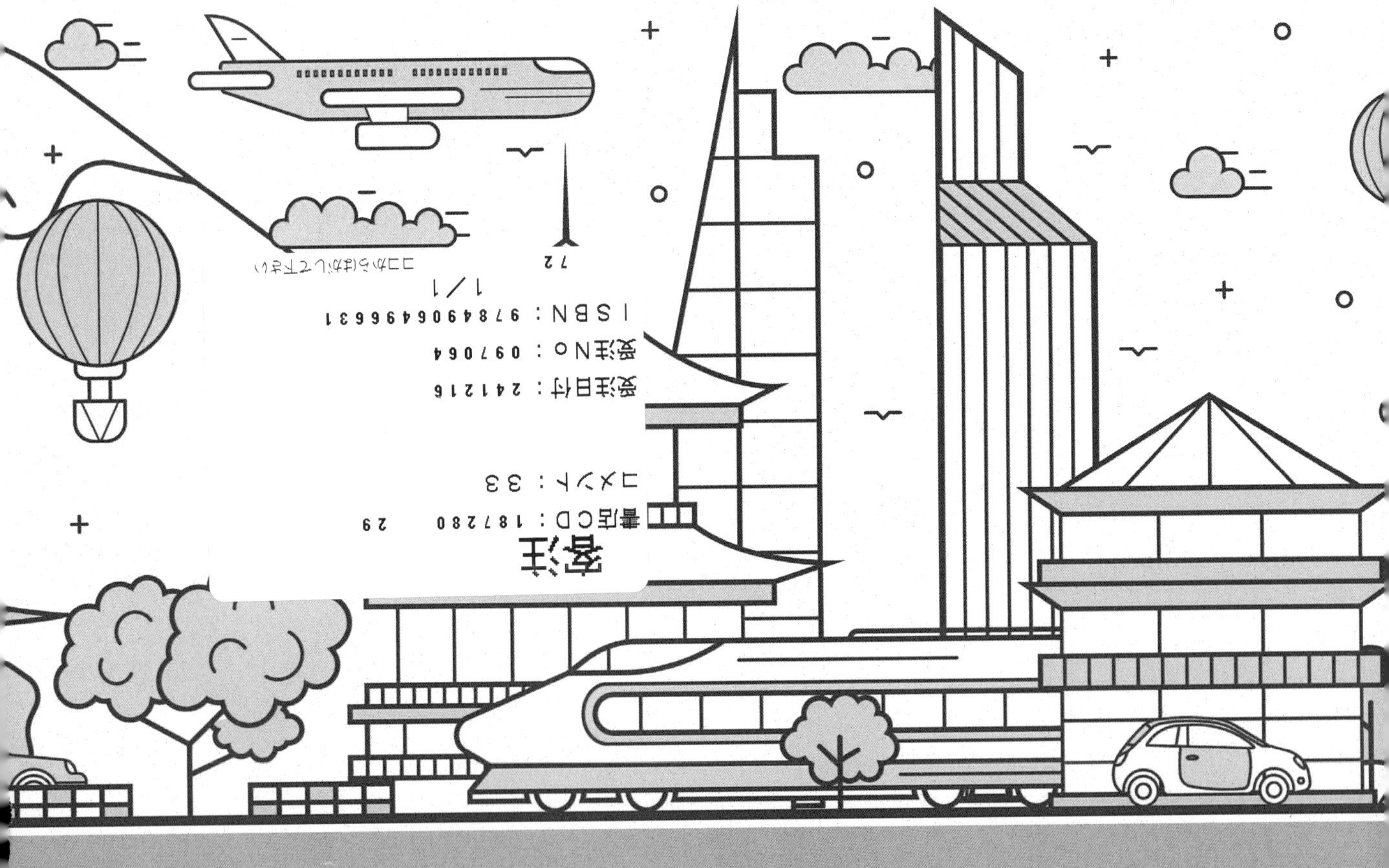